武当秘传功夫

蒋剑◎著

长江出版传媒
湖北科学技术出版社

图书在版编目（CIP）数据

武当秘传功夫 / 蒋剑著. — 武汉：湖北科学技术出版社，2017.5（2025.3 重印）
ISBN 978-7-5352-9408-1

Ⅰ.①武… Ⅱ.①蒋… Ⅲ.①武当山—武术—基本知识 Ⅳ.① G852 - 49

中国版本图书馆 CIP 数据核字（2017）第 135471 号

责任编辑：谭学军　徐　竹　　装帧设计：曾雅明

出版发行：湖北科学技术出版社　　电话：027-87679468
地　　址：武汉市雄楚大街 268 号　　邮编：430070
（湖北出版文化城 B 座 13-14 层）
网　　址：http://www.hbstp.com.cn

印　　刷：长沙鸿发印务实业有限公司　　邮编：410100

700×1000　1/16　19 印张　300 千字
2017 年 6 月第 1 版　　2025 年 3 月第 5 次印刷
定价：58.00 元

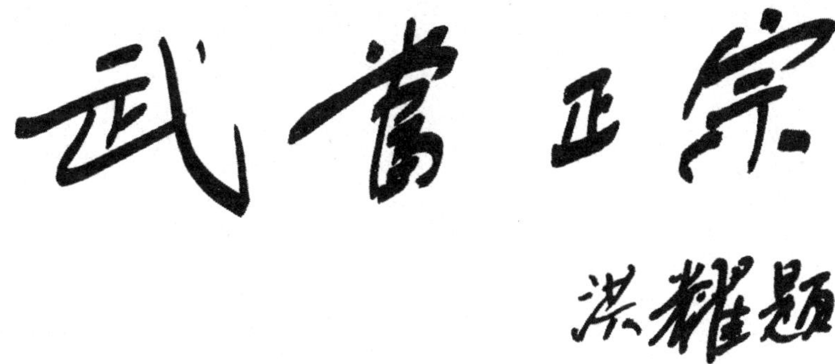

《武当》杂志社长、主编
刘洪耀题字

繩鋸木斷斷于恒
水滴石穿穿在久
蒋剑师弟勉之

《中华武术》杂志第一任
主编昌沧题字

截拳道传人肖峰题字

武当功夫，中华至宝

游玄德

武当功夫，是中华武当文化宝库的重要组成部分。武当功夫，是建立在道家阴阳五行学说的基础上，由张三丰祖师感悟蛇雀相争，创造了以柔克刚、以弱胜强、行云流水、轻灵飘逸等独具特色的内家拳法。

气满经络舒，神旺阴阳合；
飞鹤指通天，意合入妙境。

数百年来，武当功夫一直在道门和民间潜生暗长、秘密流传，而鲜为人知。她的神秘和独具特色的魅力，长期以来一直为不少学道、修道之人所喜爱与推崇。作为当今武当内家拳宗的一代传人，我们更有责任和义务要把武当功夫这一优秀的文化奉献于社会，让更多的人来了解和掌握祖先给我们留下的这些宝贵的财富，以期提高我们的健康水平和生活质量，从而更好的工作和生活，为社会作更多的贡献。

清闲山中居，忙时云做伴；
静思兰生香，丹清入云端。

武当功夫，属于内家拳法。它的修炼法门有别于其它一些拳法的修炼，是强调以心为首、以意为先、以神为主导，重视人体内在精气神的修炼。在快节奏的今天，很多人因为生活的种种压力及许多的杂念和欲望，感觉经常身心疲惫。提倡科学健身，加强自身的运动和修养尤其显得重要。在习练过程中，我们不仅要劳筋骨、磨品性，更要修炼自己的内心，主张以“道”理为指导，以养生为宗旨，以技击为末学，以道德为门风，以自然为神韵。

练功妙在合真意，领气之法随周天；
玉门开时神贯顶，灵芽动处通涌泉。

理剑，乃武当弟子，自幼好武乐此不疲。27年前，因为彼此酷爱中华武术和武当文化，我们相识、相交于武当山。他为人朴实，谦虚好学，经常问道武当，探寻武术之真谛。每次我去武汉，他都会认真听讲，并且将我的论道、演武进行录像或录音，跟随我潜心于武当文化和功夫的修炼。

理剑不仅功夫好，也擅长武术教学。他多才多艺，爱好广泛，擅长文学与摄影，在许多大型期刊杂志上发表了不少相关的优秀作品，出版了多本武学方面的专著。理剑为弘扬武当武术和文化做出了一定的努力和贡献，其用功之苦、传播武学之为，令我欣赏、令我喜欢。

青山几度变黄山，世事纷飞总不干；
眼内有尘三界窄，心头无事一床宽。

生活，就是修行。大道至简，大道无形。

无疑，武当功夫对于我们强身健体、修身养性有着很多的帮助和益处。为了惠及大众、普及武当功夫，多年前我就主张“城市武当”这个理念，让武当功夫来到大家的身边，以便大家更好地学习和了解武当文化。

这本书用标准的动作图照做示范，简单明了地介绍了武当功夫的一些原理和练功要旨，据此，习练者可自我检查、纠正、深研，老少皆宜。希望本书的出版能带给大家一些身心健康的体会和感悟，能感悟到武当文化的博大精深，让武当功夫从神秘化走向大众化，则不负我们的责任和义务。

又是一年北风寒，山上山下种福田；
茶城饮得金骏眉，上善若水太极拳。

感悟生活，体悟太极。
正觉正悟，强身健体。

是为序。

2017 年暖春于南武当宗师府

传承经典，造福大众

陈迪炎

夫武当者，非真武不足当之也。其山北通秦岭，西毗十堰；南依神农，东接襄阳。方圆八百里，山水风土皆绮丽；纵横千年，天人物我俱和谐。高峰林立，绝壁峭崖多怪石；百草参差，奇花佳木斗芬芳。三十六岩，风霜隽永；二十四涧，飞流无双。天柱峰一柱擎天，四面里万山来朝。武当旷古玄妙，道法绝世空灵。香火千年炙盛兮，弥足珍贵；功夫天下尊崇兮，无出其右。

太极者，无极而生，动静之机，阴阳之母也。初见于《庄子》:“大道，在太极之上而不为高；在六极之下而不为深；先天地而不为久；长于上古而不为老”。后见于《易传》:“易有太极，是生两仪。两仪生四象，四象生八卦。”

武当功夫，源出仙山。肇源三丰祖师，创立太极拳剑。安舒中正，内气绵绵。通奇经之八脉，仿松柏之延年。合负阴而抱阳、正尾闾而通天。道家本色，崇尚自然。法天象地，人在其间。常当思念，动静相兼。懂劲阶及神明，豁然而贯通焉。武当太极，内合其气，外合其形，位居其中，形气相含，神形俱妙，融武术防身、养生于一体，堪称绝妙玄学。

今有安陆蒋公剑者，道名理剑，十二岁习武，师承武当派掌门游玄德道长，系武当派第十五代传人。文武兼修，行健自强。以武弘道，培塑社会之正气；精研拳理，阐化一气之周行。求学明师，武艺堪称精湛；德行浩然，光阴桃李丰硕。立足鄂省，名动武林；修身弘道，有口皆碑。怀贤侠之肝胆，正一无私；秉祖师之威仪，全真不二。兴太极于荆楚，传中华国术于天下；育少年于门庭，布大道金光于乾坤。习武四十余载，勤学苦练；精思武学要理，屡出新见。潜心求索，积稿成篇，题为《武当秘传功夫》。上承古武当太极之历史积淀，下启今武当太极之时代新声。或论以静制动，以柔克刚，以四两拨千斤、后发先至之武功特点；或论行云流水，绵绵不断，刚柔相含，含而不露之武功风格。或云练气得气，种瓜得瓜；或云艺无止境，拳海无涯。或曰虚灵顶劲，含胸拨背，沉肩坠肘，舌顶上腭；或曰形与意合，意与气合，气与神合，形意气合。或曰六合之中，神形俱妙，如行云流水；动作之中，绵绵不断，松沉自然。或云动静之中如绵里藏针，刚中带柔，柔中有刚，刚柔相含，含而不露；或云呼吸之中，开合自如，升降自然，深细长匀，息息归根。或论发人潜能，开人智慧，充人精神，壮人体魄，祛病健身，益寿延年之独特功效。传前贤武学之规范，启后昆习武之思路，此书悉备而尽足当也。

嗟夫！观《武当秘传功夫》所论内涵丰富，意义深远，为武当功夫之宝，秘传之法，是为中华武术之晶体，东方文化之瑰宝。以弘扬中华传统文化为己任，此乃功德无量之盛举也。余承雅嘱，幸先浏览。开卷有益，虽然学浅文涩；欣然为序，聊充美芹之献。

——岁次丁酉仲春於东湖之畔·端鹤堂

（作者，哲学博士。现为湖北省传统文化教育研究会副会长兼秘书长）

身边的武林

王小平

结缘武当道

认识蒋剑多年后，我才结缘于游道长。以致后来道长见了我，居然记得我的名字。有次参加武汉武当会馆的一个活动，道长特意提醒他徒弟蒋剑给我留份纪念品。游道长，在国内外是享有盛誉的武当派掌门人、一代宗师，虽说是件很小的事情，但这份亲切的关怀，让我感到了他的仔细、平和与温暖！感受到了道长的一身仙气潜入我心底最软软的地方。

有次随蒋剑朝山南武当。那是个夏夜，山下高温近 40 度，山上却很舒服。晚上，一轮半月衔山影，月光亲和祖师殿，满院清辉一派宁静。来的客人有北京的、贵州的。可口的茶入心扉，道长娓娓道来做人的学问。他对道的研究，对人生的理解让我受益匪浅。道长教导我：人在生活中是否幸福、快乐、成功，很大程度上由自己的心灵主宰，由心灵的修炼程度决定。要想享受真正的成功与恒久的快乐，就要重视修心。自己的心安了、心慈了、心正了、心明了、心定了、心诚了，心也就宽广了。自然界之所以神奇伟大，就在于能包容天下万物，做到和谐和统一。我把道长这些话当作我人生的座右铭。

我庆幸在我的人生中有缘能认识道长，这全得益于好友蒋剑。

认识蒋剑是缘于1992年3月我女儿11岁时跟他学武术。每天黄昏时刻，他带着一帮孩子在广场上练武。那时，我并不了解这个其貌不扬的小伙子。后来，我在《青年月报》和一些报刊上读到他的习武传奇，他才引起了我的关注。从此，这个在安陆土生土长会练二指禅的传奇人物在我心里烙下深刻的印迹！

25年过去了，蒋剑始终是我的牵挂！无论他走到哪里，我一直都在意他！他生活里所走过的每一个脚步、每一个习武练功的细节，都是我在意和熟悉的。他为人踏实，不骄狂不自傲，默默无闻地一直刻苦练功，那种执着也始终写在他脸上，是那么的坚定和自信！他功夫好，人品更佳。

我和蒋剑一直都有联系。2001年他去北京漂了7年，2008年春回武汉。一直致力于武当文化的传播和推广，专注于武当秘传太极拳的传授和教学。每每他来我家，我会为他沏上一杯浓茶，一些人和故事就在这飘香的味道里精彩起来。

好武但不斗狠

蒋剑有了一点名气后，来找他比试武艺的人也不少。这也许是所有成名武术家们都少不了的“考验”，蒋剑也不例外。

1990年的夏天。当时蒋剑受聘于安陆市体委办的少年武术队，每天他带少年在人民广场训练基本功，不时有人围观。

一天，一个青年路过，观看片刻，便擅自从武术队的训练器械中抽出一把刀，耀武扬威地要弄一番，并自我狂吹了一阵，不时嘲笑蒋剑是在教“花功夫”。

蒋剑并不在意一旁那青年的挑衅，次日清晨，蒋剑早早地来到人民广场练拳。那个存心要显摆一下的青年跑了过来，提出要和蒋剑比试。

蒋剑不愿轻率动手，极力拒绝。那青年满以为蒋剑是胆怯，是花架子，便肆无忌惮地取笑起来了。蒋剑忍无可忍，只好让他见识见识什么是真功夫，便同意应战。

二人来到广场僻静处。双方拉开架式，蒋剑并不紧张，他仅小开步直立，双手自然垂于体后，那青年则是马步双拳拉弓式。双方稍稍交换步法后，那青年猛扑过来，用直拳直捣蒋剑腹部，未等来拳触及身体，蒋剑侧身迎击——一个侧踹腿，击中对方的前腿迎面骨。那青年“哎哟”了一声，顿时脸色更变坐地不起。

一个星期后，那青年提着一大包东西来找蒋剑学艺。蒋剑见此人轻浮、霸气，不像个正派人，断然拒绝了他的请求。

还有一次比试也是发生在人民广场。那是1992年夏天的一个早晨，蒋剑和几个武友一如既往地在人民广场练武。不远处，也有一位小伙子在练武。不一会儿，那小伙子过来搭讪，蒋剑这才知道，此人是位军人，专习散打，并获得过部队师级散打比赛56公斤的冠军。小伙子说自己所练的完全是实战功夫，说蒋剑所练的没有实战价值，蒋剑听了便同意与他比试一下。

小伙子一上来便是一番猛烈的组合拳进攻。蒋剑左闪右躲，并不还击。十几个回合后，小伙子一拳也未挨着蒋剑，而自己却气喘吁吁了。他看着神色依然自若的蒋剑，终于自叹弗如。蒋剑也不再为难他，笑着说：“我用的战术是‘避敌锐气击其惰归’，你还是有些功底，但要注意战略战术。”小伙子这时才明白，中华传统武术并不简单，决非几年就可以学好的。

拜武当高人学艺

蒋剑是游玄德道长认识了多年的武友。1991 年，武当山举办武术大赛，他们一见如故。1993 年 6 月和 11 月，武当山两次举办大赛都邀请了蒋剑参赛。这时，他和游道长已是无话不说的好朋友。彼此对武当武术的热爱，已把两个人的心已紧紧地联系在一起了。

那年游玄德道长在武当山创办了武当三丰武术学院，特意邀请蒋剑去武当山作客。

夜晚的武当山，幽静中更添几分神秘。品茶之际，几十个学员在游道长的授意下畅谈武艺。这时武院的一个年轻学员对蒋剑的武功产生怀疑，双方就立马切磋起来。

武当武术是以内家功夫见长，对方学员也练习过散打。好在蒋剑对自己的功夫自信，他决定和对手比试比试。双方在场地上拉开架势，大家都很好奇观看这场比武。在游道长的示意下，比武正式开始了。对方先发制人，跨步前冲猛力对蒋剑使出了一个侧踹腿。敌动我动，蒋剑身体微闪，步伐轻移，后发先至一个弹踢击中对手，迅急贴近对方一个“老鹰掐嗉”锁住对手咽喉要害。游道长连连喊道“好，好，好！”，比武不到 5 秒就叫停了。

这时，游道长出场了，蒋剑有些在意了！他不敢马虎这个朋友。

因为游道长是当今武当武术的杰出代表，精通太极、八卦、形意等多种拳法。蒋剑也清楚不可能胜他，这次游道长即兴主动提出要和自己切磋技艺，当然对自己来说是个见识武当功夫的好机会。

道长伸出右手，要蒋剑擒拿住他。蒋剑小心翼翼地双手扣住道长的右手腕，他怕动真格的会伤及彼此的面子。道长看出蒋剑的顾虑，说："没事，你尽管用力。"蒋剑听后不再客气，用力去锁扣他的内关穴，就在蒋剑使用了7分功力时，道长一个化劲，右手如游龙般妙脱，反而变爪将蒋剑的来手扣拿。蒋剑这才从内心里认输，道长也微笑地住手了。

第二天早上，道长和蒋剑都早早地起来，在真武宫内散步。鸟儿的歌唱为真武宫平添了喜庆的气氛。

道长心情也很好，漫步到一个香炉前双手轻轻地将香炉推起离地尺许，对蒋剑说："你推一下试试。"蒋剑扎好步，双手用劲推香炉，可香炉只是晃了几下，不能离地。道长说这香炉有700多斤，几百年的历史。蒋剑感到惭愧，深深知道了游道长功夫远在自己之上了。这也为后来他决心拜游道长为师埋下了伏笔。

太阳从山头慢慢露出了她的笑脸！不一会，真武宫的院子亮堂起来，蒋剑走在游道长的身后，仔细地思索着"艺无止境"这句话的含义！武当武术的确神奇和伟大！游道长真的了不起！

蒋剑和游道长在做了18年的朋友后，他终于决心要拜游道长为师。经过游道长三年的考验，同意收蒋剑为徒。2010年7月28日，蒋剑前往南武当山祖庭举行了正式拜师仪式，游玄德大师收他为武当派第十五代弟子，赐号理剑。

特警拜师学艺

2001年11月，在《中华武术》杂志主编郑小锋的推荐下，蒋剑来到了北京的一所武术学校当总教练。

这所武校在北京很有名气，创办人是北京警官学院的薛教授和木教官。两人都是武术爱好者，薛教授是警体部的主任，精于

摔跤和搏击功夫。木教官是教散打的，在全国散打锦标赛上得过第二名。

一天下午蒋剑正在操场上训练学员，一辆标有“首都巡警”字样的警车急驰而来，从车上下来几个人，蒋剑猜测可能是警察。薛教官和木教官将其中两人带来见蒋剑，薛教官说：“蒋老师，这两个是我的学生，是北京特警队员，以后你就教教他吧！”

原来是为验证蒋剑的功夫而来。蒋剑也不推辞了，只说声互相学习吧！大家来到了武术训练馆，60多个学员静静地等待着他们的较技。两个特警20岁左右，练习散打3年了。观其气质，蒋剑已成竹在胸。但蒋剑也不敢马虎，因为学员们都看着他。“拳怕少壮！”好在这么多年他坚持练功没放松，蒋剑决定以腿取胜。他知道自己每天踢腿数百腿，能做400多个仰卧起坐、二指卧撑百多个，速度快劲力猛，临场对搏经验足而且对散打也有研究。

第一个上来的特警首先对蒋剑发起主动进攻，打出漂亮的拳法和边腿，蒋剑并不急于进攻，他在观察对方，一边迅速移动步法，一边躲开对方的拳脚。发现对手的漏洞了，在对方第三次起腿来攻后，蒋剑闪电般的侧踢连环踢向对方的身体中部和头部，打得对手连连败退。

对方在薛教官的授意下，第二局打得格外小心，他对蒋剑那快而狠的腿法有些畏惧了。蒋剑已摸清对手的底细，放开拳脚对其

猛力攻击，对方在遭到连环打击后，没能使出任何反击动作，蒋剑就不再攻击，小伙子连连说蒋老师的腿真快，自叹技艺不行，甘拜下风。说完面朝蒋剑深深鞠躬，这时整个训练馆里突然响起了一片叫好的掌声！两位教官也微笑地对蒋剑说："蒋老师，把武校交给你，我们放心了！你有真功夫。"后来，这两个特警队员真诚地拜蒋剑为老师，每天有时间就来武馆向他学习。针对他们的职业特点，蒋剑就将实用制敌技术教给他们两人，他们学习了3个多月进步很大。蒋剑的高超武艺和真诚、朴实的美德给首都的两位特警队员留下了美好而难忘的印象。

和意大利咏春拳高手交手

这是2002年冬天的一个周末。

蒋剑来北京已经一年多了，他决定利用休息时间去市里看看朋友。

他从昌平坐车来到了朋友的住地。和朋友金先生谈兴正浓时，他突然接到北京画家王富强先生的电话，要他火速赶往他家，说香港的咏春拳大师梁挺和一名外国的武术高手要来他家做客。于是金先生开着车，二人直奔朝阳区的清河营。

蒋剑的到来，让王先生高兴不已。

二十分钟后，王先生家又来了三个人，经介绍得知其中二人是北京武术界的，另一个是意大利的武术好手安德鲁，精通咏春拳，尤其爱好看李小龙的电影。这次是来中国讨教咏春拳的，可惜香港的咏春拳大师梁挺由于其他原因没能来，所以安德鲁一来见到王先生家的木人桩兴奋不已，就在桩上练了起来，技法娴熟、功夫老到。

说白了，安德鲁是来和咏春拳大师梁挺切磋的。但是，梁先生的确是有事，北京武术界会练咏春拳的很少，咏春拳是南方拳系，流传于福建、浙江，尤其在广东、香港盛行。

大家看到安德鲁练拳到了忘我的发挥，那个神情完全没把在场的人放在眼里，因为他太自信他的功夫了。来的北京武术界的两个朋友是练过咏春拳的，可能看到安德鲁气势逼人又的确练得棒，都不敢应战。安德鲁霹雳啪嗒的击打声在狭小的空间里分外的刺耳！

蒋剑看到了在场人的窘态，于是和安德鲁交谈起来。好在安德鲁在北京语言学院读过4年的书，所以谈话很顺利。安德鲁年龄22岁，当蒋剑和他谈起来时，他看到这么个矮小的中国男人，根本没想到蒋剑会功夫。蒋剑虽然不会咏春拳，但对中国武术各大体系都有了解，他知道咏春拳是手上的活厉害，打法以手法见长，讲究稳扎稳打，劲力凶猛是典型的南拳特点，该拳最大的不足是少腿法。蒋剑之所以应战，是已看出安德鲁的腿法生硬不是个会腿功的人。

简单的言语交谈后，双方很快就搭上了手。蒋剑的双手已和对手纠缠在一起，房间太小他没法使用他擅长的腿技。两人势均力敌，都无法撼动对手。安德鲁的劲力也大，可他没有想到这个相貌平平的中国男人完全封死了他那凶猛的手法。双方几乎动真格起来，险些碰翻茶桌。怕打坏房间物品，比武就来到了庭院里进行。

院子很大，典型的北京四合院。安德鲁的眼睛精光四射，充满了霸气、豪气和自信。蒋剑则决定使用他那快捷凶狠的腿法了。

双方刚站立好，安德鲁一个跨步上来，就用“小捻头、标手”直取蒋剑的要害。蒋剑见安德鲁一动身法，马上侧闪，一个猛弹腿击中安德鲁的腹部，接着上步一个侧踢踢中对方的颈部，连环腿法把安德鲁逼到了墙角。安德鲁完全没有出招的能力，北京武术界的同仁赶紧喊停。蒋剑也知道不能把对方打得太难看，毕竟考虑他是个外国人，到中国是来交流武艺的，这时的安德鲁已完全被蒋剑出其不意的功夫所震惊，呆在墙角不知所以。

回到客厅，安德鲁说话了，意思是蒋剑使用的不是咏春拳，不合乎比武的要求。随即，他掏出一张纸条给蒋剑。蒋剑接来纸条一看上面全是李小龙在电影里的咏春拳的武术招数。安德鲁说，他按照李小龙的动作练武 7 年了，这次来就是要向中国的咏春拳高手讨教的。蒋剑说：“你要学习咏春拳就到广东去，那里的高手多的是，我不会咏春拳也不能教你！”

蒋剑为安德鲁的执着所感动，把他带到外面拍摄了很多的武术照片，安德鲁这才露出了笑脸！安德鲁走后，王先生说：“蒋老师，要不是你今天在场，我们可出丑了，那个家伙练得真不错，我们这些人都不是他的对手”！

道缘无私一颗心

“青山无墨千年画，流水无弦万古琴；
莫道平时少音信，道缘无私一颗心。”

2010 年 7 月，在蒋剑的恩师游玄德道长的精心策划下，武汉武当会馆在武汉东湖高新区汤逊湖畔成立，游玄德道长指定蒋剑担任会馆武术部主任，使蒋剑在弘扬武当武术上有了更为广阔的发展。

现在跟随蒋剑学拳的有很多企业名流、媒体人、科研工作者以及不少普通百姓，小到 5 岁的孩子，大到 60 岁以上的老人，蒋剑都认真对待教学。他自创发明的五遍武术教学法，非常适合没学过拳的人，在实践中收到了很好的实效，也受到了拳迷们的喜爱和赞扬。

2013年9月，中国（武汉）期刊博览会暨第二届武当演武大会在武汉举行，他执教的学员取得了23金2银的佳绩。其中有名叫郭伟的学员，跟随蒋剑学拳不到一年进步非凡，拳艺日新月异，在这次比赛中他个人获得了三块金牌的好成绩。本次演武大会上，来武当会馆学艺一年的高佳泉先生，也荣获一金一银的佳绩。鲍习江、赵苏攀、万序春、万宝菊、鲍思琪等也在赛场上成绩非凡。

2013年9月，山东潍坊60多岁的朱先生听说蒋剑功夫好，在儿子、儿媳的陪同下来武汉武当会馆学练武当太极拳，不到一个月的时间，朱先生的痛风居然好了起来、不能弯曲的手腕也好了。还有5岁的郑皓天、11岁的崔时琎、14岁的严梓鸿、17岁的袁可锐等孩子，也慕名随蒋剑习武，时间虽不长，但都进步很大。这些成绩的取得，不简单不容易。真乃名师出高徒！2015年4月，七岁的刘昊坤又来到蒋剑身边习武，5月及连续几月郑铃潇等九个孩子都跟蒋剑老师习武，均在武当演武大会比赛中获得了好成绩。

蒋剑把自己的一生全部无私地贡献给了武当武术，他一生也只做了一件事，那就是继承、发展、弘扬光大武当武术。他一生别无他有，只有武当武术。1995年他随中国气功代表团出访日本，有人曾劝他留在日本，在日本也确实有人热情留他任教，但他义无反顾地回到家乡，仍然过他没有稳定收入的日子。他说我能做自己喜欢的武当武术这就够了。有很多人不理解包括他的亲人，但最终他还是用自己的行动感动了周围的朋友，也同样感动了他的亲人。

谈到习武感受，蒋剑说："习武是为了修身养性，也是强健体魄、防身自卫的需要。武术作为一种搏击强身技术，有它严格的道德规范那就是——武德！每一个习武者要有高尚的武术道德修养，任何逞强斗狠的行为都有悖于武德的宗旨。"蒋剑坦言："自己习武过去只是感觉武术很神秘能防身，现在习武完全是一种健身的需要。"看到蒋剑如此坦陈的话语，我有些感慨：是呀，岁月已经让蒋剑不再年轻，但蒋剑毕竟取得了他武术生涯里最重要的成果——那就是他能够练成二指禅，一举在中国武术界成名。

无论过去和现在，我要说："蒋剑，你是好样的！你是我们安陆人的骄傲，也是中国武林的骄傲！"

《武当秘传功夫》即将出版，遵作者嘱托累牍了这么多，实在是有感而发。是为序！

2017 年春于楚痴斋

王小平，中国摄影家协会会员、湖北省作家协会会员。曾获湖北省楚天文学奖、全国报告文学二等奖。

太极，是种生活态度

蒋 剑

光阴戏晨暮，转眼我都52了。

习武40年了。青春就这样在拳脚里溜走。

没有遗憾，只有感叹！感叹着一生无所事事、没有出息，只有对武术的爱好在渐行渐远的时光中，悄然地抹去了我宝贵的韶华！

青少年起，我习练了诸多拳法如长拳、少林、查拳、华拳、醉拳、地趟拳、自选拳以及国家规定的拳、刀、枪、剑、棍、刀加鞭以及九节鞭等武术套路，打下了扎实的武术基础，以致如今52岁的我仍能翻腾、跳跃，完成部分高难动作，非常人所能及！我感谢武术，造就我好身体！

爱上太极，纯属偶然。年轻时不喜欢这拳法，因为它慢，也是对太极的文化、思想和技法不懂。虽说1987年我已经学过24式、48式太极拳，后来也学了20世纪90年代推广的42式竞赛太极拳等，但也是花架子，丝毫没入太极的门。

1991年在武当山的武术交流大会上，我终于初识了众多太极高手们的真功夫。当时刘焕军大师和我住一个房间，和我交流太极的实战。西安赵堡太极的高手赵增福先生也私底下为我展示他的拳脚，并且解读了赵堡太极的精华内涵，当时我还用摄像机拍摄下来

用于太极研究。

后来多次应邀在武当山参加武术活动，结识了武当太极一代大师游玄德道长，让我逐步对太极有所了解和体会，我感觉太极拳真是好拳法，也是很好的武术文化，里面蕴含着博大的道家思想和精深的哲学内涵！是很了不起的武术。

随着年龄的增长以及对武术的研究，我越来越专注于太极拳的练习了。其他的拳法和器械我也很少练了。我感觉太极才是中国最好的拳法，也是最难习练的拳法。

太极，不仅是种拳法，更是一种哲学思想！太极八法及五步的运转之中，尽显道家和哲学的阴阳虚实、刚柔攻防、前进后退、左顾右盼、顺拿逆缠、柔化连绵、节节贯穿、内外合一、中正安舒、撑天踏地、含胸拔背、落地生根、举身周灵、运化无穷、行云流水、松静自然等哲学元素！要把这些内涵在身体的运动之中完美地彰显出来，不简单不容易。难怪拳谚语：太极，三年一小成！十年一大成。十年太极不出门！可见，练好太极功夫绝非易事。

太极拳，是祖先留给我们的宝贵健身术。

道家主张长生不老。所以太极也是道门作为长寿的运动健身法宝。

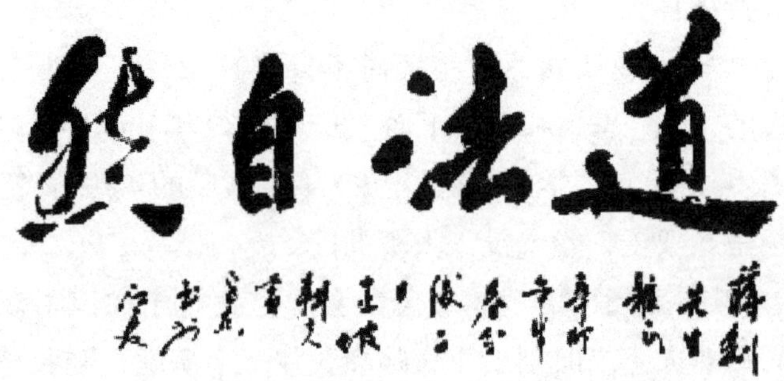

人体是个复杂的体系，而太极拳对于我们的记忆、消化、循环、思维、反应、排毒、吸收、血气、精神、肌肉、神经等系统是个全面的维护和锻炼，无疑太极拳是最适合人体生理运动的拳法，也是世界上最好的健身术！其他任何运动和方法，无论从技术层面和思想体系来讲，都不能和太极拳媲美！

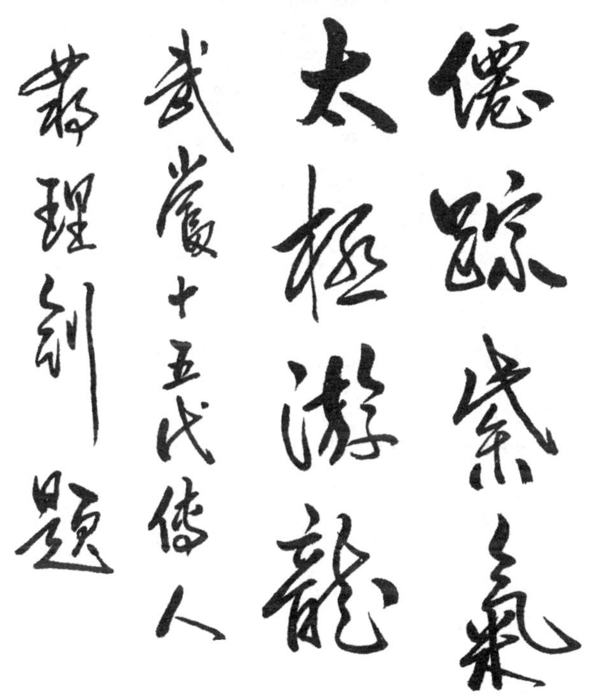

其实，我们学习太极拳不单是学习它的运动技术，而是更要懂得它的思想和文化内涵，让我们的心身如水般态势。水善万物，善利万器！水，无处不在无孔不入；水，随行就势无坚不摧！太极的思想也教会我们在处理矛盾和纠纷时，柔化而不抗，逢凶化吉，充分运用最好的方式方法来对待矛盾和处理问题！同时，太极拳也是最好的美容、养颜术！说它是回春术、长寿术真不为过！

太极，是种很好的健身术。

中国有最好的文化——那就是太极！中国有最好的拳法，那也是太极！

太极无处不在！行站坐卧、举手投足皆太极，人体全身无处不太极！

太极，是种生活态度。

2017 年春于武汉汤逊湖畔

太极德馨，唯吾尔康

陈顺利

“天下太极出武当，武当太极甲天下。”

三丰祖师创武当太极大道，流传数百年，以致社会上形成各流派之太极，各家各派已融合传承者们自己的智慧和特点，这些是太极的变种而并非祖师本味本意之太极了。

太极，无极而生。

它以“道”为立论基础，以桩为本法，以气为源泉，以长生为宗旨，以技击为末技。讲究气运全身、阴阳合一，行云流水、连绵不断。

其运动元素丰富，以意行气，以气生力，形成了绵里裹针、上下相随，内外暗合、转折有序，中正安舒、圆弧为宗，刚柔并济、节节贯穿，举身周灵、落地生根，外示安逸、内似坚刚，有意无意、虚实分明，螺旋挤按、八面支撑等鲜明特征。

长期修炼气力大增，经络舒畅精神健旺！对改善我们身心健康具有良好的作用。因而有人赞喻——太极拳是中国的第五大发明！

据有关资料显示，全球习练太极拳者已达到4亿多人！无疑，太极拳是最为普及、最惠及大众健康的拳法。

人体是很复杂的系统，随着年龄、生活、工作的变化，人的身体也在不断调整、修复、完善、更新、渐长或衰退、变化之中。生命很短暂，而珍惜生命、重视健康，对维系我们的生存、生活有着显著的积极意义。

现代社会发展很快，很多人盲目跟潮，结果把自己给累坏了，身体出问题了，有的甚至丧失了生命。究其原因，很显然平时没重视自己的健康，不锻炼身体是问题出现的根源。

物质的进步不等同于身体的进步。很多人都知道或者说也明白锻炼身体的重要，可就是借口忙不去锻炼，或者说锻炼了但方法又不是最佳的。体育运动对人体的健康或多或少都有着积极的意义和功效，但并不是所有的运动都会适合每个人的体质。有的激烈运动，如果不科学不得法，相反会损害人体健康。

寻找最为适合人体健康的运动，显然太极拳是一种科学、合适、方便、有效的锻炼方式。

为什么这么讲？因为太极拳很缓慢，但重视内气、内劲的运行，它要求演练者用心去打拳、练功。太极拳重视人体内在的精气神、意气力，来带动外在的筋骨、肌肉、梢枝末节的行功，充分做到了内外相合、周身灵动、气运全身。人的气血旺盛了，筋骨强健了，四肢有力了，你就会健康。

人生病首先表现为四肢无力，然后精神萎靡不振。所以古人称呼“气”是最好的良药，能医治百病。气血的衰退，会破坏人体的阴阳平衡，这样会减少或者说减弱人体各脏器、脊髓等组织对五谷杂粮的营养吸收，一旦人体某部位的营养吸收遭到了破坏，人就会生病无疑。而只有气血的旺盛，才能保证经络、穴位、脊髓、肌

肉、脏器等营养的吸收。

太极拳强调内气下沉，只有气沉于丹田，气才能更好地维系正常的营养供给。而气血上浮、心浮气躁显然会造成人体气血不平衡，对人体健康是不利的。

相关研究数据显示，太极拳对人体的神经系统、呼吸系统、循环系统、免疫系统、消化系统、排毒系统、思维系统等有着良好的维护和促进作用。其他运动不具备对人体有如此全面锻炼的功能。

我是近几年跟随蒋剑老师习练武当秘传太极拳的，深深体会到了武当太极的美妙和好处。长期以来的工作压力，让我身心疲惫不堪，身体状况明显不如从前。通过练拳、练功、站桩等学习，我的身体明显出现了好的转机，好像重新回到了青少年时代。

蒋剑师父告诉我一个故事。他多次参加国内的武术活动，结识了许多武术大家。有的人武术功夫了得，可却不懂得养生，有的并不长寿而英年早逝。

武术好，不等于身体好。功夫高，不等于身体会长寿。在武术界自古至今就一直存在着盲目追求硬功夫、技击实战的功夫，成为习武的牺牲品。有些所谓成就者，英年早逝，或者还活不过不锻炼的人。如果盲目追求所谓的技击和所谓 " 功夫 "，肯定会造成身体的伤害。因为人体的组织和器官是有运动极限的，过之无益。

大家都知道李小龙，他是很多习武者心目中的英雄。李小龙的伟大在于提升了中国功夫在世界上的影响。可李小龙只活了 33 岁，他并不懂得如何养生。假如他懂得武术的养生之道，就不会盲目过激于身体的极限操练，他也许就不会猝死。

道教有个重要的思想："上善若水"和"厚德载物"。一个人的健康和长寿不仅在于有科学的锻炼方法，也在于自己的修为是好与坏。修为高、德性好、心态好、喜庆心、乐于助人的人，一生会大吉大利！所以人活着，得善假于物，善于向自然界学习，善于学习水之习性，爱护环境，保护好大自然，我们才能更好地享受自然对于我们人类的恩赐和健康环境。

对于健康而言，习武者的好胜之心，乃是大害。

因为心中有狠心、胜人之心，就会经常影响人体的气血平衡，很多表面看起来身体强壮但脾气暴烈之人、好胜之人，中年身体就会出问题，原因就在于此。武术界很重视习武者的德性，无德无义、无德无心、无德无品、无德无艺！无德也损已损人。同样很多艺术行当里，有品性的师父在收弟子时，一定会把人的德性放在首位就是这个道理。

只有我们的人类恩爱大自然，心中有厚德于人、于社会、于环境，有善水之品性，我们的个人才能有品、有德。仁德之心，也有利于身体气血、气机之平衡，也利于身体的健康。观之当今，破坏自然环境的现象甚为严重，我们的人类怎么能健康起来呢？

已有厚德之心，才会恩爱于人、恩爱于物，才能产生恩爱之心，才能有益于他人和社会，也才能有德于这个养我之世界！有德也是养生之法，有德才有健康！社会和人亦如此。

"道法自然"。大道无形。

生活总在教育我们成长。每个人都得善于向生活学习、向他人学习、向社会学习、向自然界学习。

我常常会思考一个问题，人活着究竟是为了什么？怎么活着才快乐，经历了一些世事和坎坷后，忽然顿悟一个道理，那就是必须要健康地活着人才快乐，才有精力和心态去干好工作，也才能有体力和激情去为社会多做贡献。

生活里有个现象，很多女人会比男人健康长寿。为什么呢？

在我们看来，女人的家务劳动帮了她们大忙。因为女人常用手搓洗衣服、切菜、扫地，手指锻炼的机会比男人多。这些锻炼暗合了健康长寿的方法——勤贯手足。手指、足趾都与人体奇筋八脉、五脏六腑的气血相连。手指、足趾的强劲有力，显然是一个人健康指标的外在体现。如何做到手指脚趾的积极锻炼和运动，显然很有学问，值得我们去深究。其实古人早已为我们创造了它的锻炼方法。今人心气浮躁，无心于此罢了。

生活，总有些冲动、急躁、无奈、折磨，在搅和着我们的身心。让我们做个与众不同的人，适当时候放慢前行的脚步未尝不是件好事。让我们心态安静些，也少些浮躁，远离不健康的元素，科学运动、坚持锻炼，让生命力更持久。让我们运动健康起来吧，让大家活在健康中。

健康是正道，健康才是硬道理。个人健康了，家人才会健康；家人健康了，社会才会健康，我们这个世界也才会和谐与健康。

身体的、心灵的、文化的、思想的、集体的、国家的、社会的种种健康观，理同于法、莫过如此！

拥有健康，才能更好地享受生活，享受一切美好的人生！

相信《武当秘传功夫》一书的出版，会带给你一些健康的方法、一点启示、一个积极的作用！

本书从修心、修德、强身健体、科学养生等方面去阐释怎么锻炼身体。基本是武当道门里的一些优秀方法，如武当祖师功、强身养生术、秘传太极拳、武当道门桩功、太乙剑法、追风剑、太极修身秘法等，都是作者四十年来的研究和修炼的具体心法。蒋先生不仅身体强健，而且深谙道法养生、也给了我们后辈强烈的震撼和羡慕！

太极德馨，唯吾尔康！

2017 年春于武汉南湖

目　录

道法自然拳合于道 正气存身永葆青春

精、气、神，是人体生命活动的根本。

保养精、气、神是健身、抗衰老的主要原则，当精、气、神逐渐衰退变化的时候，就更应该珍惜和加强健身运动锻炼，惜此“三宝”。

第一节　精气神说

长生，是道家追求的最高境界之一。

道家认为要长生，主要要养人的“精气神”。

道门内一些养生家正是遵循正确的修炼方法，不少人获得了健康和高寿。

道家内丹学称精、气、神为人体三宝。道家认为：天有三宝“日、月、星”，地有三宝“水、火、风”，人有三宝“精、气、神”。精、气、神，是构成人体生命组织的精华，有先天与后天之分。精、气、神本是指形成宇宙万物的原始物质，含有元素的意思。

精、气、神是人体生命活动的根本。保养精、气、神是健身、抗衰老的主要原则，尤其是当精、气、神逐渐衰退变化，就更应该珍惜此“三宝”。

精是构成人体、维持人体生命活动的物质基础。包括精、血、津液，是指人体的真阴（又称元阴），不但具有生殖功能，促进人体的生长发育，而且能够抵抗外界各种不良因素影响而免于发生疾病。

精的来源，有先、后天之分。先天之精是秉受于父母的，它在整个生命活动中有“生命之根”的作用，但先天之精需要不断地有物质、能量的补充才能保证人的精不亏，才能发挥其功能，这种物质和能量即是后天之精。后天之精是来自饮食的营养物质，亦称水谷精微。有了营养物质的不断补充，才能维持人体生命活动。

古人云：“肾为先天之本，脾胃为后天之本。”

人脾胃功能的强健，是保养精气的关键。《黄帝内经》强调的“得谷者昌，失谷者亡”就是说的此道理。

“高年之人，真气耗竭，五脏衰弱，全赖饮食以自气血”。故注意全面均衡营养的饮食与运动锻炼，才是保证后天养先天的重要手段。

《千金方》说：“饮食当令节俭，若贪味伤多，老人脾胃皮薄，多则不消，彭享短气”，这样不利于健康。

气是生命活动的原动力。气有两个含义，既是运行于体内微小难见的物质、信息与能量，又是人体各脏腑器官活动的能力。

气既是物质，也是信息、能量的载体。

人体的呼吸吐纳，新陈代谢，营养敷布，血液运行，津流濡润，抵御外邪等一切生命活动，无不依赖于气化功能来维持。

“人由气生，气由神往，养气全神可得其道。”

道家也归纳了养气的一些经验：

一者，少语言，养气血；

二者，戒色欲，养精气；

三者，薄滋味，养血气；

四者，咽津液，养脏气；

五者，莫嗔怒，养肝气；

六者，美饮食，养胃气；

七者，少思虑，养心气。”

由于气是流行于全身、不断运动的，所以人体也要适当地运动，以促进脏腑气机的升降出入，才会有利于维持机体的正常生理功能。

"人体欲得劳动，但不可使之极（过度）。"

武当道门中流传下来的多种强身健身功夫及气功，就是以动养气的养生法宝。

神是精神、意志、知觉、运动等一切生命活动的最高统帅。

它包括魂、魄、意、志、思、虑、智等活动，通过这些活动能够体现人体的健康情况。

《素问·移精变气论》说："得神者昌，失神者亡。"

神充则身强，神衰则身弱，神存则能生，神去则会死。

扁鹊问诊也是观察病人的"神"，来判断病人的预后，有神气的预后良好；没有神气的预后不良。这也是望诊中的重要内容之一。

精、气、神三者之间是相互滋生、相互助长的。它们之间的关系很密切。人的生命起源是"精"，维持生命的动力是"气"，而生命的体现就是"神"的活动。

精充气就足，气足神就旺；精亏气就虚，气虚神就少。反过来说，神旺说明气足，气足说明精充。"精、气、神"三者是人生命存亡的根本。

"精脱者死""气脱者死""失神者亦死"。

可见"精、气、神"三者，是人体生命存亡的关键所在。

道家认为只要人能保持自己的精足、气充、神全，自然会祛病延年。

第二节　阴阳学说

阴阳五行学说也是道门打拳练功的法则。

这一原理贯穿于整个道家练功实践的始终。阴阳五行学说，是对宇宙万物的认识论。

阴阳五行学说，正确地、朴实地反映了物质世界的本源，科学地概括了宇宙万物的变化和发展规律。哲学、天文、地理、历法、社会科学、自然科学等都离不开阴阳五行学说的指导。

“阴阳者，天地之道也，万物之纲纪，变化之父母，生杀之本始，神明之府也，治病必先求本。”

万事万物规律的发展和变化，始终都是由于阴阳的发展而发展，阴阳的变化而变化，才不断地涌现出新生事物。因此，对“阴阳”二字的理解，具有重要的实践意义。

阴阳，用物质表示为“气”，用事物表示为“象”。

阴阳学说认为，在外的、在上的、在明的、在亮的……为阳；在内的、在下的、在暗的、在黑的……为阴。阳的称为“阳气”；阴的称为“阴气”。

人的生活、生存，主要靠呼吸自然界中的空气来维持正常的生命。自然界在外，其空气则为阳气，人体将自然界中的阳气，吸入到体内后，则人体内的气，就是阴气；当人体又将体内的阴气，呼出体外，又重新进入到自然界空气之中时，则这种人体内呼出的阴气又转变为阳气。

生命就是靠这一吸一呼，一呼一吸地将阴阳二气不停地相互转化，再佐之以饮食，才能维持几十年，乃至上百岁的寿命。

身健的人若是七天不饮食，生命是绝对没有危险的。但如果在几分钟内不呼吸，无论是何人，就可能会死亡。

可见阴阳二气这个看不见、摸不着的物质、信息和能量，其作用是如此的重要。困扰着人体健康的疾病，也就是由于人体内的阴阳二气与自然界中的阴阳二气之间产生的不平衡而致。

事物表示的阴阳之“象”，是法无定法的。

阴阳的“象”，其大无外，其小无内，灵活变通，绝无固定的概念和范畴。

对天地来说，天为阳，地为阴；对日月来说，太阳为阳，月亮为阴；对数字来说，正数、偶数为阳，负数、奇数为阴；对疾病来说，热证、表证、实证为阳，寒证、里证、虚证为阴；对人体脏腑来说，六腑为阳，五脏为阴。

“阴阳者，数之可十，推之可百，数之可千，推之可万，万之大不可胜数，然其要一也。”

阴阳是相互对立、相互依存、相互消长、相互转化。它代表了事物的基本准则，代表了事物的自然规律。反映了物质世界的客观存在性、运动变化性和可以改造性的原理和规律。

第三节　五行学说

五行学说在道门养生理论中，是相当重要的概念，它贯穿了整个道家练功的始终。它也是我们认识物质世界、改造物质世界、利用物质世界的最基本、最朴实的原理。

五行学说认为，宇宙中一切物质，都不能离开木、火、土、金、水这五种基本物质的范围；无论物质怎样发展和变化，都超不出木、火、土、金、水。世上物质千千万万，都是木、火、土、金、水这五种基本物质的扩大或缩小，简称“五行”。

五行学说不但古代适用，现在也适用，将来还适用，永远都不会过时，因为五行学说是关于自然之理的学问。

五行学说与阴阳学说相互依存，合称为“阴阳五行”学说，它们是认识世界、改造世界、利用世界的指南针，也是探索人体生命规律、打开人体奥秘之谜的钥匙。

五行学说，是以五行的特性来推演、归类物质的五行属性及“比类取象”。物质的五行属性，并不是简单的木、火、土、金、水五种物质，与阴阳属性一样，五行之“象”是“上穷天纪，下极地理，远取诸物，近取诸身”的。

《黄帝内经》五行之象

木、火、土、金、水

五脏：肝心脾肺肾

五腑：胆小肠胃大肠膀胱

五官：目舌口鼻耳

五体：筋脉肉皮毛血骨

五液：泪汗涎涕唾

五情：怒喜思悲恐

五毒：怒恨怨恼烦

五声：呼笑歌哭呻

五音：宫商角徵羽

五志：魂神意魄精志

五味：酸苦甘辛咸

五气：温热湿燥寒

五色：青赤黄白黑

五方：东南中西北

五季：春夏长夏秋冬

五谷：麻麦粳米黄黍大豆

五果：李杏枣桃栗

五畜：犬羊牛鸡猪

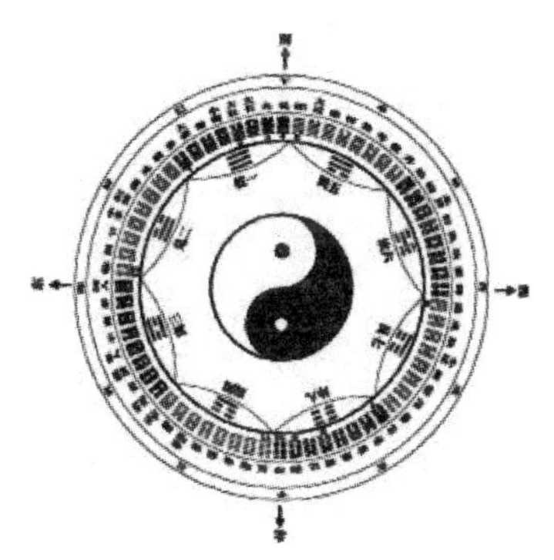

五菜：韭薤葵葱藿

五数：三、八二、七五、十四、九一、六

五行学说认为，宇宙中万物并非静止地、孤立地存在而互不相干，而是相互滋生、相互制约的关系，这就是五行的相生、相克原理。五行的生克关系，反映出了事物之间的量变规律。

道门有玄机。

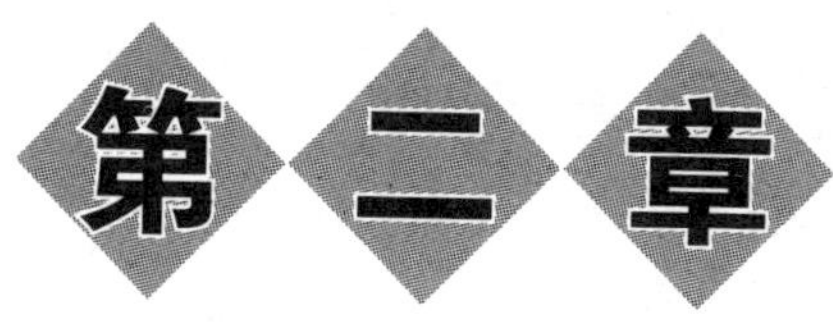

大道无形厚德载物
心生和美德艺双馨

道贯古今，德参天地！

德高、品正，人的身心、气血也和谐。修德，就是修健康！

道德是最好的文化，也是自我健康修行的宝典！

修心、修身，首先当修德！

道德，是思想和健康的灵魂，

也是世界和美和文化的灵魂。

修德就是修健康

道家文化源远流长，博大精深。

道家建筑、风水、相学、音乐、养生及武术、琴棋、书画、茶等，更是我们中华民族的宝贵文化遗产。

作为武当道门内的武术和气功等功夫，更是文化厚重、技术体系完备、养生健身价值极高。其中的奥秘，可谓是玄之又玄、神秘莫测。

道门中的武学为什么好？这和它的思想、文化、品性、修为等息息相关。

一切修为当首先要有道德。武学也不例外。

在道家看来，道德是最好的文化。

人有德，才会爱惜自己、爱惜生命、爱惜他人、爱惜自然和社会。

人有德，心就会和谐，他的身体和思想也会和谐。人的心情总是好的，那么他认为的人或物都是值得自己喜欢的，人与人的相处是不是很友善了呢？人生欢喜心，那么对周围的物、环境就会友爱，就会视物如人，爱惜大自然的一切。

大道无形，大德感天，心中有道，天地峥嵘。

厚德载物，德行天下。

道贯古今，德参天地。

道德是思想和文化的灵魂，也是健康的灵魂，更是世界和美的灵魂。

道家的思想主张那就是养生长寿，在道家看来，人的生命很宝贵，每个人就只有一次。如何延长生命，如何让身体健康强壮起来，一直是古代和现代很多养生家们倾心追求和努力的课题。

大家最为熟悉的就是道门有炼丹术。

相传过去是为了皇帝而炼丹。所以后来道门中乃至民间有不少修丹道的方法。

丹道看起来很神秘。

很多习武者梦寐以求希望得到丹道的修炼之术。其实，丹道之术并非高不可攀，也不是万能之法。

丹道，只不过是将人体精气神的修炼更思想化、智慧化、专心化了。丹道之术也是为了强化人体精气神的旺盛。

道门中不乏高人、能人。

现实里，很多厌烦世俗的各色能人，远离红尘来到庙宇，给道门带来了丰富的文化和知识财富，所以道门内不缺有文化、知识、本领的人。

另外道门有传世之宝——《道德经》。这部近五千言的思想圣典，解决了人们思想领域很多迷茫的现实问题，加上有《易经》这部打开自然界神奇钥匙的天书、解决健康问题的《黄帝内经》，还有其他很多代代相传的道门经书、朝山访道的游客游侠以及文人墨客等，所有这些经过岁月的风尘，将道门的文化积累得更加丰实和神秘。

其次，道门中人心态相对于芸芸众生来说清净些、思想单纯些。很多道观在大山中，环境优美气候养人、宫观里生活有规律和自在些。这些条件都给道门中人的思想、才智、心德以及武学和身体修炼等带来了充分的灵感与智慧。

从这些理解来说，道门不仅是清净的、庄严的，也是文化、知识、艺术的宝殿！

作为武当武术的开山鼻祖张三丰真人，更是大智大慧。他创立的武当太极拳独步天下武林，成为独具匠心的内家拳法。从根本上来说，内家拳主修内在的精、气、神，本真其实是修心、修思想

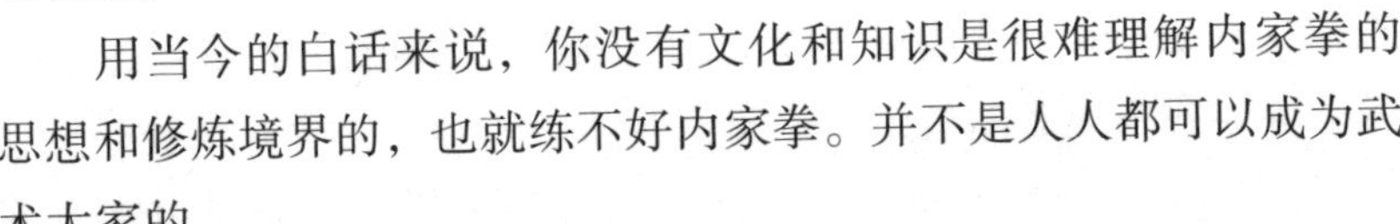

和智慧。

用当今的白话来说，你没有文化和知识是很难理解内家拳的思想和修炼境界的，也就练不好内家拳。并不是人人都可以成为武术大家的。

修炼功夫不仅要好的悟性，同样也需要知识、文化和智慧！

作为武学修为者，必须要多读书、读好书，广泛猎取各方面的知识，才能不断修正、完善和提高自己的思想和认识水平，才能修好身、学好道、练好身体和功夫！

道可道，非常道。

道门不仅是宗教思想的家园，也是武术和气功等文化艺术的宝库。

道门武学好的原因，就在于修道人首先重视德行的修为。

三丰祖师在拳经里说："技击乃末技。"没有什么比生命更重要，人的生命就只有一次，道人看重今生的修为，看重的是健康和长生。

道家主张"无为"。无为，其实是指不小为、而无所不为之大为。简言之，修炼者只要得真道，无为就是无所不能、无所不及、无所不会、无所不可为之的。无为，是种大境界，得知晓宇宙万事万物的规律和变化，明生死玄机。

在武学上表现为无招无势、无法胜有法。在修为上要做到不争强好胜、好斗。所以，各道门门内都有相当严格的清规戒律、弟子规等优秀传统文化。

道家认为要想修得好身体，首先必须要有德。

德正才能身正，身正才能心正，心正才可以气顺，气顺才可神旺，神旺才能体健。养吾浩然正气就是这个道理。正气压百邪。对于个人来说，正气存身可祛除身上的病气、邪气、晦气、乌七八糟等废物，从而保持身心愉悦、气血活畅。

道家人认为心存美好，一切的物及人都会看起来美好。如果一个人的心是歪的，身上的气就是邪的。邪念存心，邪气就存身，那么这个人的心就是有邪思歪想，气就会对自己身体产生坏的影响，他的行为、意识和行动也会对他人产生不好甚至是坏的、恶的影响。

身存正气一身正，身存正气百病难侵。

修德不仅是修身修心的问题，而是关系到我们身体气血和精神状态以及健康的大事。

习武之人要有德，这个德可理解为应该遵守大众和社会的行

为准则。

每个人应该修身、修心，有道德。不得有影响、损害和破坏他人的不利行为。

所以说习武当修德。修德也就是修健康。

手捏青秧種福田
低頭便見水中天
六根清淨方成道
退步原來是向前

布袋和尚禪意詩
癸巳初夏 長武

道门里有很多强身健体、修身修心的好功法。行站坐卧皆有功。在道家看来：行站坐卧、吃喝拉撒、待人接物、举手投足、起居饮食、言行举止等，处处有学问，处处有道法。

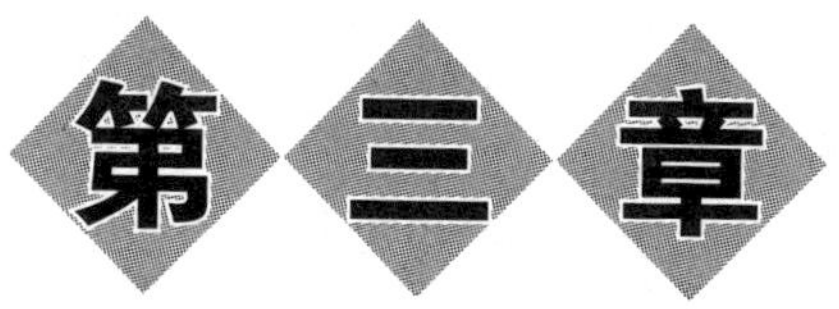

本章第五节标题旁有配套武当武术招式分解视频，请微信扫码获取。

上善若水我武维扬 祖师真传健体强身

道门有三本很神奇的书。

一本是关于自然界学说的《易经》，一本是关于思想学说的《道德经》，一本是关于健康学说的《黄帝内经》。

它们是道门修心、修道、修身的宝典和密匙。也是我们认知自然界、客观世界、人类与万物的指南！

行站坐卧皆有功。在道家看来：行站坐卧、吃喝拉撒、待人接物、举手投足、起居饮食、言行举止等，处处有学问，处处有道法。

中国有很多优秀的文化，而道教是我们土生土长的国教，道教文化无疑是我们先祖贤圣们的智慧与结晶。

道门有三本很神奇的书，它几乎涵盖了自然、思想、健康的一切。

一本是关于自然界学说的《易经》，一本是关于思想学说的《道德经》，一本是关于健康学说的《黄帝内经》。这三本书，无论过去、现在、将来，都不会落伍，也不会过时。值得我们去仔细拜读、学习、研究和体悟！

这里为什么要提到这三本书，因为道门所有的修炼都是和这些书的思想紧密相关，它们是道门修法、修道、修身的宝典和密匙。也是我们认知自然界、客观世界、人类与万物一切的法宝和行动指南！

道门里功法实在太多，这里给大家披露一种鲜为人的功夫——武当祖师功。

第一节　武当祖师功源流

武当祖师功属道教秘传养生强身术，是一种内外兼修、动静合一的内家功夫。这套古老功法全国流传很少，其渊源无从细考。

据传一百多年前，湖北省均县（今丹江口市）境内的武当山附近的樊城西边有个叫竹筱铺的小镇，镇上有家药店，药店里有个名叫熊楚的佣工。其人沉默寡言而身怀武功绝技，世人也不知他的身世。常有患痨病来店求医者，医生无法医治熊楚就代为医治，一经其手莫不妙手回春。

熊楚还传给病人一套练功法，病人习练后不仅身体越来越强壮，且日久身体经得起外力排打。

人多惊奇问他这是什么功夫？

他说："这个功夫是从武当山真武祖师那里传下来的，传到我手里也不知是第几代了，反正我师父授功于我时说这叫武当祖师功。"

熊楚经过锻炼不仅病愈而且身体健壮。一直坚持习练，很少患过大病，整个腹肌、腹内壁坚实，经得住外力击打，几个壮小伙子对其腹部重拳重脚冲击也无损伤。

第二节　武当祖师功功效

1. 通过该功的习练可以祛病强身，防治许多慢性病。

2. 延缓衰老，有益于健康和长寿。通过武当祖师功锻炼的人，大多数能享有高寿。练习此功的孙洪斌先生活到 92 岁，张子野活到 89 岁。

3. 功成后腰腹部能承受外力较大冲击，而且功夫上身后永不消失。

第三节　武当祖师功练功要领

1. 循序渐进

武当祖师功共 21 个把子（即动作姿势也叫势子、式子）。

一个把子练两天后加一新把子。

讲究从易到难。排捶（即用拳头排打），也是由轻到重，由下到上；下重上轻，由少至多；排捶，腹部重两肋轻。排捶之前，先用手指探测功夫的深浅及其达到部位，只能在功下面排，不能在功上面排，排捶的声音实而脆就加重，空如鼓声就轻排。

这种循序渐进逐步加重的方法使练功者在不知不觉中增加了运动强度，提高了人体抗击打能力，功夫也就一天一天地加深。

2. 整体锻炼

武当祖师功锻炼的范围全面。从上至下，从左到右，由内而外，全身肌肉、肌腱、韧带、关节、骨胳、内脏及神经系统都受到锻炼，符合人体阴阳平衡之理。

3. 功法特殊

练功时既不意守丹田，也不气沉丹田，而是讲究气不沉而自沉，意不守而自守，自然而然地达到调心、调息、调意、调神的目的。很多把子只注意腹部肌肉及内脏的收缩而使气下沉，实际上它包含意念、气血、力量都在下沉，比调心的效果要大，范围也广，而且不会出偏差。

4. 内外兼修

在整体锻炼的基础上，内部修持与外部排打借以增强机体抵抗和修复的能力，达到内外双修的目的。

5. 多拗式、拗劲

借以增加运动量和效果。

如虎爪势、金线运斗、云里背剑、天台贯顶、云里担枪、千斤坠等都是采用这一方式。

第四节　武当祖师功拳谱

全套功法共有 21 个把子、1 个帽子。

功法名称开列于下：

一、帽子——金线运斗

在练每一把子之前，做金线运斗 1 次，因而叫作帽子。

二、把子

即每一功法的动作姿势。

1. 贯膀
2. 锁喉
3. 腰穴
4. 锁肋
5. 云里背剑
6. 手脉平挺
7. 天台贯顶
8. 云里担枪
9. 平步
10. 徙步
11. 织女渡河
12. 尾子
13. 脊干
14. 千斤坠
15. 九步蹲下
16. 顶功
17. 息功
18. 捧珠
19. 仙人打坐
20. 坐默丹田
21. 总功

每一把子习练时，先做 1 次帽子，接着做 7 次把子，共做 7 次帽子，49 次把子。

每一把练两天，加新把一次，按上列顺序依次加练，42 天加完。每加一新把子，新旧一起练。

第五节　武当祖师功的功法练习

扫码看蒋剑老师视频教你太极·武当祖师功要诀，快速掌握动作技巧

一、帽子——金线运斗

（1）身体上部与下端成一直线，两眼平视，口微闭，舌尖舔抵上颚，自然站立，头上顶，含胸拔背，松肩垂肘，两手成半握拳垂于体侧。（图 3-5-1）

图 3-5-1

图 3-5-2

（2）两手变成爪向头上方弯曲、手心向下。（图 3-5-2）随即两手成虎扑向内屈指相对，从小腹前两膀伸直下按至脚背，两爪指转向前方脚尖沿两腿如拉物状，慢慢上拉至丹田翻向左右分开，两掌复拳停于腰际。（图 3-5-3、图 3-5-4、图 3-5-5、图 3-5-6、图 3-5-7、图 3-5-8）

图 3–5–3

图 3–5–4

图 3–5–5

图 3–5–6

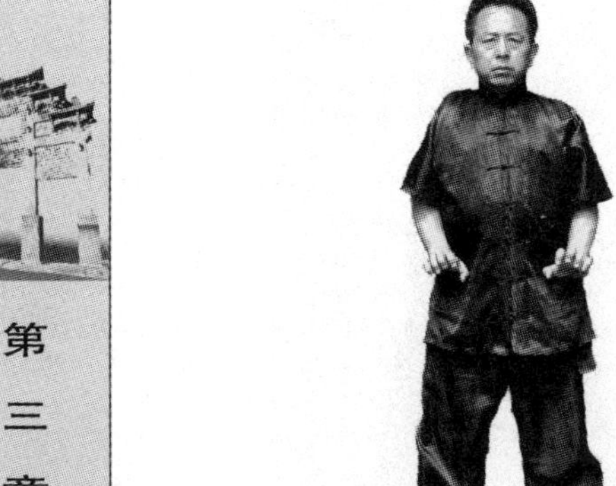

图 3-5-7

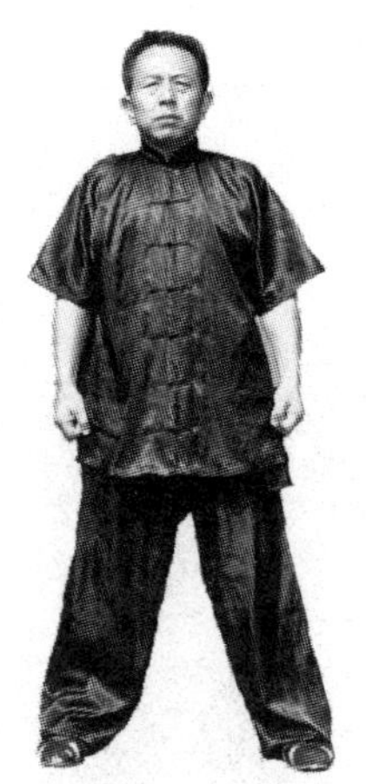

图 3-5-8

（3）两拳变爪，屈指相对，两膀伸直向上至印堂；两爪变掌左右向下拍打大腿外侧，向上掌拍胸部（乳上部）。（图3-5-9、图 3-5-10、图 3-5-11）

图 3-5-9

图 3-5-10

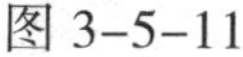

图 3-5-11

图 3-5-12

（4）接着两手变爪置于丹田下边，两爪相对，手心向下；两手伸直上举至印堂，两爪变掌向下旋转后翻掌变拳，拳心向上，迅速甩至丹田前面，两拳击打下丹田，同时上体前倾，腹肌收缩气下沉。（图 3-5-12、图 3-5-13、图 3-5-14）

图 3-5-13

图 3-5-14

要领：上身微倾，腹肌内收下沉，两拳内旋迅猛甩至丹田，各动作要协调一致同时进行。

二、武当祖师功把子

1. 贯膀

自然站立，两掌相交于胸前。左手变掌向左平直冲击推出，右手变拳向右屈肘如拉弓状，与肩相平。右边动作相同。（图 3–5–15、图 3–5–16、图 3–5–17）

图 3–5–15

图 3–5–16

图 3–5–17

2. 锁喉

自然站立，右脚震脚下踏左足向左跨一步；右手成爪击打左肩肩井穴，左爪置左后右腰际处，手心向后；以两脚尖为轴上身向右转180°，左膀右旋置于右肩侧。左右旋转相同，互成弓步。（图3-5-18、图3-5-19、图3-5-20）

图 3-5-18

图 3-5-19

图 3-5-20

3. 腰穴

自然站立，右手仰掌置右上方，左手成俯掌向右下方迅猛按去，同时上身前倾，腹肌内收，腹下隔膜和气血随左手猛按而下沉。左

手仰掌右手俯掌向左下方迅猛按去。右式与左式相同，只是方向相反。（图 3–5–21、图 3–5–22、图 3–5–23）

图 3–5–21

图 3–5–22

图 3–5–23

4. 锁肋

动作与腰穴相同，只是变掌成拳，向左移时左拳心向下，右拳眼向上。向右移动做法相同，唯拳势相反。

5. 云里背剑

右脚震脚，左足向左跨一步。

两掌成虎爪掌心向下屈指相对约 7cm，由右腰际向左移动至脐右上方双爪向左下迅速猛下按。（图 3-5-24、图 3-5-25）

两爪过脐后向左后移动至 180° 与肩同高，成左弓步。向右动作与左同。（图 3-5-26）

图 3-5-24

图 3-5-25

图 3-5-26

6. 手脉平挺

自然站立，左脚向前跨一步，同时两手成虎爪，屈指相对，手心向前猛向前推出；双爪用力后拉至胸部两侧，同时左腿后撤与右腿靠拢。右边动作与左相同。（图 3–5–27、图 3–5–28、图 3–5–29、图 3–5–30）

图 3–5–27

图 3–5–28

图 3–5–29

图 3–5–30

要领：双手推拉与两腿同时进行，手脚要协调一致。胸腹一开一合，一弛一张，使胸腹得到锻炼。

7. 天台贯顶

身体直立，两手在头顶相交叉，上身向左右尽力弯曲但不能前俯后仰。起练功壮腰之作用。（图 3–5–31、图 3–5–32、图 3–5–33）

图 3–5–31

图 3–5–32

图 3–5–33

8. 云里担枪

手腿脚与天台贯顶相同，只是向左右后面扭动腰部，眼看后方。（图 3–5–34、图 3–5–35、图 3–5–36）

图 3–5–34

图 3–5–35

图 3–5–36

9. 平步

左脚向左跨一步，屈左腿成左弓步，两手在头顶部上方相交叉；身体向左弯曲，但不可前俯后仰。右边动作与左同。（图 3–5–37、图 3–5–38、图 3–5–39）

图 3–5–37

图 3–5–38　　图 3–5–39

10. 陟步

动作与平步相同，只是左右运动时脚尖上翘，上体左弯翘左脚尖，上体右弯翘右脚尖。（图 3–5–40、图 3–5–41、图 3–5–42、图 3–5–43）

图 3–5–40

图 3–5–41

图 3–5–42

图 3–5–43

11. 织女渡河

马步与肩略宽，左手在头上绕三圈（顺时针），右手同时在右胸部向内绕三圈（逆时针）；三圈绕毕两手成虎爪相对如蟹螯状，身体向左后转动 180° 成左弓步；上身右转恢复原状。右边与前动作相同，唯方向相反。（图 3–5–44、图 3–5–45、图 3–5–46、图 3–5–47、图 3–5–48、图 3–5–49）

图 3–5–44

图 3–5–45

图 3–5–46

图 3–5–47

图 3-5-48

图 3-5-49

12. 尾子

左脚向左前方跨一大步，右手握拳从右胯旁划弧向左脚掌内侧打去，左手握拳置左臀后方。右边动作同左，唯势子相反。（图 3-5-50、图 3-5-51、图 3-5-52）

图 3-5-50

图 3-5-51

图 3-5-52

13. 脊干

自然站立，右脚向左脚前出一脚，两手握拳，左前右后相接，拳眼向前，拳上举，两手腕向上弯曲成拳心向上；两手伸直，两拳下按直达右脚尖。左边动作相同，唯左脚置右脚尖前不同。（图 3-5-53、图 3-5-54、图 3-5-55）

图 3-5-53

图 3-5-54

图 3–5–55

14. 千斤坠

动作同脊干相同，唯右脚前至左脚掌中端，即 1/2 处习练。右边与左同。（图 3–5–56、图 3–5–57、图 3–5–58）

图 3–5–56

图 3–5–57

图 3-5-58

15. 九步蹲下

左脚向左前方跨一大步成弓步：两手变爪上举过头顶，伸腰：两爪随着身体向左前弯曲，下扑直达左脚尖两旁，右与左同。（图 3-5-59、图 3-5-60、图 3-5-61、图 3-5-62）

图 3-5-59

图 3-5-60

图 3-5-61　　图 3-5-62

16. 顶功

墙脚斜放木板一块，上放布垫。头顶木板上，全身倾斜伸直，两手放脊后背上，舌舔上颚，力注头顶。待口中津液满后缓缓吞下，顶 1~2 分钟起立。做帽子 1 次再顶，共顶 7 次。时间长短以各人体力为转移，逐渐延长决不勉强（患高血压者不做此功）。（图 3-5-63）

图 3-5-63

17. 息功

左手握拳（或掌）放在地上，全身侧卧伸直使身体重心压在左拳上，右手置于右侧上举。头与上体向下倾接近地面，嘴唇以接近左拳为度。初学者不易做到，右足可以放在腿前面，头部和上体下倾适可而止，不要勉强。换右拳练习。

此动实同单手卧撑。（图 3-5-64、图 3-5-65、图 3-5-66、图 3-5-67）

图 3-5-64

图 3-5-65

图 3-5-66

图 3-5-67

18. 捧珠

左脚向左前方跨半步成虚步，两手变剑指相对上举与印堂同高；左脚回撤成屈膝为马步，两手下按击撑。开始要轻，逐步加重。右边相同，唯右脚向前回撤成马步。（图 3-5-68、图 3-5-69、图 3-5-70、图 3-5-71、图 3-5-72、图 3-5-73）

图 3-5-68

图 3-5-69

图 3–5–70

图 3–5–71

图 3–5–72

图 3–5–73

19. 仙人打坐

栽两木桩横穿一棍，约四指高两足宽，后放板凳，人坐凳上两脚伸入横棍下；两手握放小腹上，上体后仰头部距地约7.5cm。（图 3–5–74、图 3–5–75）类似仰卧起坐。

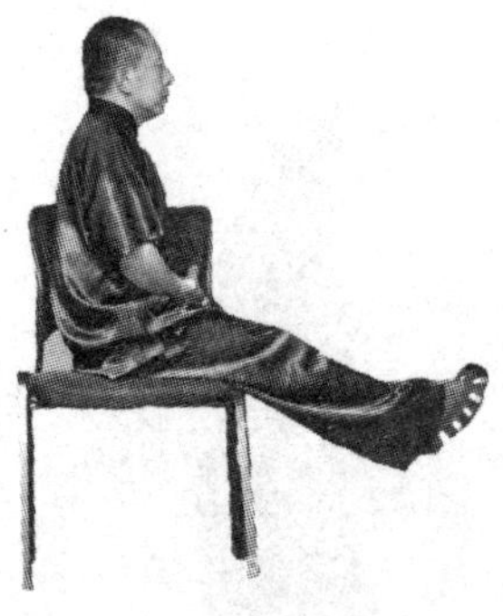

图 3-5-74

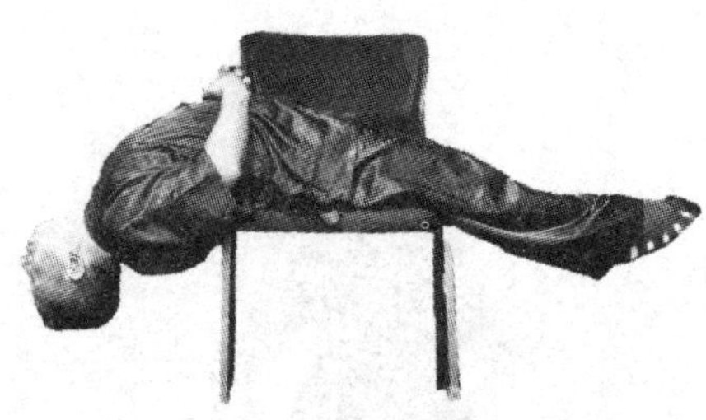

图 3-5-75

20. 坐默丹田

坐默丹田，设备与上同，只是后仰时双掌背后拍掌，坐起时前面拍掌。（图 3-5-76、图 3-5-77）

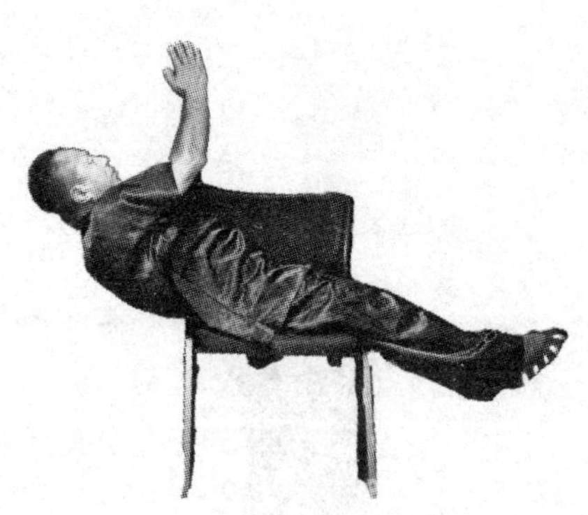

图 3-5-76

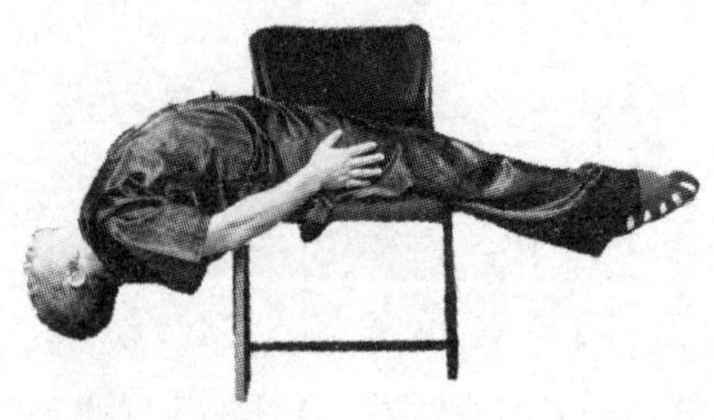

图 3-5-77

21. 总功

自然站立，两手握拳，左拳在下右拳在上，拳眼均向上，两拳向下伸直，同时上体向后弯，两拳上下相互变换。（图 3-5-78、图 3-5-79）类似后下腰。

图 3-5-78

图 3-5-79

收功：还原成并步，全功完毕。

第六节　武当祖师功练习注意事项

一、循序渐进

要求练功从易到难，排捶也是由轻到重，由上到下，下重上轻，由少到多。排捶腹部重，两肋轻。这种循序渐进逐步加重的方法使练功者在不知不觉中增加运动的强度，提高了人体的抵抗击打能力，功夫也就是一天一天的加深了。

二、功法特殊

练功时既不意守丹田，也不气沉丹田，而是讲究气不沉而自

沉，意不守而自守，自然而然的达到调心、调息、调意、调神的目的。

三、内外双修

在整体锻炼的基础上，内部修持与外部排打借以增强机体抵抗和修复的能力，达到内外双修。

四、增强运动

每一把子多用拗式、拗劲，借以增强运动量和练功效果。

第四章

本章第一、二节标题旁有配套武当武术招式分解视频，请微信扫码获取。

天人合一吐故纳新 龙行阴阳刚柔并济

歌诀：

龙形阴阳运周身
降龙伏虎正气存
金刚攒拳冲关窍
运转乾坤气化神
灵官架鞭力劈山
翻江倒海吐故新
浪子拾柴金不换
三环套月福田生
怀中抱月合虚道
九转丹田不老春

龙行阴阳手，
玄妙精伦！

笔者主要是跟随武当道门的师父习武修身，所以这里披露都是武当道门内的一些锻炼方法，旨在让大家能够重视自己的健康、爱惜来到人世间就一次机会的生命，把健身当习惯，拿健康和生命当回事，不做糊涂人，不做消极健身者，并把健身这种理念牢牢树立在自己心里，时刻不能忘、不能松懈运动锻炼。

不仅要自己坚持健身，也要带动亲人、好友、同事一起去运动健身。只有这样，我们才能开心地活着，才能拥有健康的身体去奋斗、去快乐地享受美好的生活！这也是写本书的目的，期冀该书能让朋友们从中有所体悟并获益。

人活着要明白三大关系。

一是要正确认识和处理好人与自然界之间的关系，二是要正确认识和处理好人与人之间的关系，再就是要正确认识和处理好个人与自己内心世界之间的关系。这三大关系很重要，也很有实际的意义和价值。特别是人要做到清醒地、正确地认识自己是件很不容易的事情。三大关系的处理，最难处理好的也是第三条。

很多时候，人们就认识不全自己，看不清自己为什么活？怎么活？相信大家的身边一定有些这样迷茫的人、无所事事的人、不求进取的人、没有思想的人等等。

拿健康来说，很多人就不懂怎么去健身，坚持不了或者根本做不到抽时间、挤时间去健身。

如何去科学地健身？虽然有的人懂得健康很重要，但苦于没有科学的健身方法，如果真要健身，行动起来就会显得无所适从、无所下手，甚至是无可奈何的地步。

散步、走路。登山、骑车、游泳、打球、旅游等，这些运动都能对人的身体健康产生些益处。无疑，我们还有很多更好、更适合人体健康的锻炼方法。这些方法其实古人早已给出了答案，只是很多人不知道或没学习、没研究罢了。

第一节　龙虎功

扫码看蒋剑老师视频教你太极·武当龙虎功要诀，快速掌握动作技巧

由于很多人的时间有限，一些有难度、有强度、花费时间和精力多的方法也不太适合很多人的运动和锻炼，加上武当门内的东西实在太多，也非本书所能言尽的。限于篇幅，这里特意精选些简单、易行、有效的锻炼方法，只要你愿意坚持习练，一定会收益多多。

行站坐卧走，功夫随时有。身强体健有道法，行站坐卧皆可功。

本功简单易行，特别适合脑力劳动者、身体虚弱等人群锻炼，也适合习武者提高功力练习。不受时间、场地、器械的限制，而且切实可行、行之有效。

经常习练，手足有力，心脏、肺部及气血、筋骨强健，身手如龙虎故得名。

一、捏石功

歌诀： 小小石子妙无穷，抓捏扣握玩手中。
闲来常练增气力，内外相合显神通。

备一个鹅卵石，不超过鸡蛋大。常带在身上或身边，男女老少均可习练。

休闲之时，可将石子用手去握、掐、捏、按、揉、扣、搓、抓等手法行功，用力开始时小，随着时间和手力、指力的增加，可逐渐加大指劲练习。

走路、等车、坐车、看电视、散步、看书等空闲之时，均可习练。

石子的选择，要光滑不扎手、便于抓握。最大不要超过鸡蛋大，太大无益。

作用：十指连心，气血能通五脏六腑、奇经八脉，经常练习可刺激手指各穴位，强壮手指气力。

指有气力，说明人体内在的器官和组织也强劲、健康。

久练生神力，会有意想不到的健身效果。身体健康了，这“石头”不就是你的宝么？还能起到抓拿锁扣防身自卫之功效。

二、猫步行

歌诀： 虚起实落前后分，三五分钟猫步行。
一松一紧增气力，天长月久脚有根。

走路是很好的锻炼，科学的走路就会显现事半功倍之效。不信，你按我说的走走试试看，健身的效果会不同一般！

本法取自太极拳步法。

在太极拳中，迈步很有讲究，很有诀窍。很多太极拳习练者都不知道如何走好步。常见到一些习练者动作很花哨，根本没把功夫练到脚上去，何来之功？谈何健康之好效果呢。

练习者在走路时只需向前落地之脚的脚掌心含空、脚趾抓地即可。一前一后，上步时前脚为抓劲落地、后脚为自然状态，这样做到落地抓实、迈步为虚，一松一紧，一虚一实，连续行走几分钟或者10来分钟，会刺激脚趾的经络、穴位，增加腿脚和身体内在的气力。

每次走5-15分钟时间即可，体力好者可走几刻钟。日久脚生神力，走路轻松有劲。每天可多次练习，时间不需太久。

要求走路时，身体自然直立，不可低头弯腰。最好是脚穿布鞋行走为佳。如果路面没扎脚的东西，也可赤脚行动。

作用：十指连着五脏六腑、奇经八脉，经常练习可刺激脚趾各穴位，强壮腿脚之气力。腿有气力，说明人体内在的器官和组织也强劲、健康。

人老腿先老，久练自生神力。坚持习练会有意想不到的健身效果。脚下有根，气贯周身。脚下无力，气血虚衰。

所以好脚力，对于我们的身体健康而言显得尤为重要。

三、背撞墙

歌诀： 背撞南墙如鼓敲，三五百下通关窍。
击震反复自玄妙，强心溢肺把病消。

背部有督脉。人体背部是人体的大后方。很多经络穴位、微细血管和器官组织、神经等都依附于后背或与之相连。太极拳讲究含胸拔背，就是要求气入脊髓去做功。

人之疾患或机能衰老、退化，主要是先从人体稍节上开始衰老。而引起这些因素的，是因为这些里面的营养得不到充分的补给才开始衰退的。

脊椎起着支撑人体腰部直立的重要作用。坚持练习背部的锻炼，好处多多。

锻炼方法很简单，练习者后背靠近平坦的墙面，反复用后背撞击数百次。

要求着力均衡，用力不需太大，次数百下均可。动作不需很快。譬如，看电视时可若无其事反复用背部撞击墙面练习。

作用：强筋壮骨，活气活血，并可防治心脏病、肺病等。

第二节　龙形阴阳手

扫码看蒋剑老师视频教你太极·武当龙形阴阳手要诀，快速掌握动作技巧

歌诀：

龙形阴阳运周身
降龙伏虎正气存
金刚攒拳冲窍要
运转乾坤精气神
灵官架鞭劈华山
翻江倒海吐故新
浪子拾柴不换金
三环套月福田生
怀中抱月合虚道
九转丹田不老春

全套动作共 10 势子。每个招式独立成势，即可单练也可进行组合、完整练习。

第一势：龙形阴阳手

龙形阴阳手，要求练习者在演练中，始终保持一手手心向上（为阳手），另手手心则必须是向下（为阴手），两手阴阳相互转化。同时，人体的手法、身法均如龙行之态，与之配合变换，做到手眼身法步、识胆精气神的高度和谐和统一。手法变化多端，身法柔化和美，达到和气和血、浑然一气的健身目的。

身体至柔，始能气贯周身。气长，则身体强壮，性命自会延长。

静势练习：开步与肩同宽，身体自然直立。（图 4–1）两腿屈膝成马步，两手交叉，腕根部贴近，若即若离。右手掌心向上，左手掌心向下。（图 4–2）

图 4–1　　图 4–2　　图 4–2 附

两手内旋，右手旋转成掌心向下，左手旋转成掌心向上，同时左手贴右手内侧转至右手腕部的外侧之上。（图 4–3）两手交替旋转，阴阳互变，势势连绵。

动势练习：手上动作相同于静势。唯两腿前后虚实前行变换，双手旋转的轨迹成弧圈，两手完整划弧 2 圈，另腿前进一步，实步大腿屈膝半蹲，虚步勾脚尖向前。（图 4–4 至图 4–14）

图 4-3

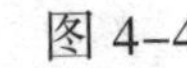

图 4-4

图 4-5

图 4-6

图 4-7

图 4-8

图 4–9

图 4–10

图 4–11

图 4–12

图 4–13

图 4–14

也可先开步站立，两手阴阳交替在体前，阴阳手绕环 3 圈，再屈膝成马步，两手成阴阳手变换绕环 3 圈，后并步半蹲两手成阴阳手绕环 3 圈。接着转身退步成马步、并步半蹲后再进行反方向的练习。（如图 4–15 至图 4–23）

图 4–15

图 4–16

图 4–17

图 4–18

图 4–19　　图 4–20

图 4–21

图 4–22

图 4–23

要点： 内外相合、螺旋力走劲完整清晰，内劲通达贯穿整个双手。可左右阴阳划弧圈前行，全身上下相随、周身灵动，连绵不断，柔和匀称，快慢相间，快中有慢，慢里有快，节奏分明。手法在转动过程里必须保持成阴阳互变，在运转之中是一个手心朝上，另一个手心是向下。

功效： 行功走劲，劲走弧圆，上下左右，手法翻飞，势势连绵。周身灵动，转胯转腰，增力增劲，气息绵长。内劲贯通双手及周身，通经活血。手上有劲，可调和五脏六腑、奇经八脉之气机，起到强内壮外之功效。

第二势：降龙伏虎

左势练习：并步直立。

迈右脚与肩同宽开步，双手垂于体两侧。（图 4–24）

两手臂外旋，从右下向右上、左上、左下划弧。两手于左下屈肘下按之际，两腿屈膝盖半蹲成马步，两手按于左膝上方。（图 4–25、图 4–26、图 4–27）

右势练习：身体直立，两手自然垂于体两侧。（图 4-28）

手臂外旋，从左下向左上、右上、右下划弧。两手于右下屈肘下按之际，两腿屈膝盖半蹲成马步，两手按于右膝上方。（图 4-29、图 4-30、图 4-31）

图 4-24

图 4-25　　图 4-26

图 4–27　　图 4–28　　图 4–29

图 4–30　　图 4–31

要点：左右划圆弧，划弧过程双臂松柔，自然吸气，两手下按时注力于双手五指尖、两掌心含空，气沉于丹田。左右均匀划弧下按，右起左落按，左起右落按。身体直立划弧、两腿屈膝下按。

左右转腰，松紧结合，周身转动，相随相连，气定神闲。左右各划立圆 9 次。

功效：气贯双臂、气沉丹田，增气增力。内外相合，吐故纳新。

第三势：金刚攒拳

并步直立。（图 4–32）

左势练习：左脚向左迈步，与肩同宽开步直立，两手垂于体侧。（图 4–33）两手掌心相对，随吸气缓缓前上举与肩同高。（图 4–34）

双手指从指骨第一骨节卷起紧握成立拳、拳眼向上拳心相对。两手用力紧握，一次比一次紧力。默念“劲、紧、近、急、切”2 次，时间共约为 7 秒。（图 4–35）

随呼气时，然后快速松开两手指，两手掌心含空气贯手指、劲力达十指尖。（图 4–36）两手沿着原起始路线落回腰际。

图 4–32

图 4–33

图 4–34

图 4–35

图 4–36

右势练习：右脚向右迈步与肩同宽成开步直立，两手垂于体侧。（图 4–37）

两手掌心相对，随吸气缓缓前上举与肩同高。（图 4–38）

双手指从指骨第一骨节卷起紧握成立拳、拳眼向上拳心相对。（图 4–39）

图 4–37

图 4–38

图 4–39

两手用力紧握，一次比一次紧力。默念“劲、紧、近、急、切”2次，时间共约为7秒。随呼气时，然后快速松开两手指，两手掌心含空，气贯手指尖、劲力达于十指尖。（图4–40）

两手沿原起始路线落回。

如此左右开步为一次，共练习9次，收功。

图4–40

要点：一松一紧，利用矛盾关系，“劲、紧、近、急、切”攒紧双拳，松拳时要快速，气贯于手指间。

功效：攒劲增气增力，强筋壮骨。

第四势：运转乾坤

开步直立。（图4–41）

双手掌心贴下腹部缓缓向上按摩至胸部。（图4–42至图4–44）

接着从脸面部向上按摩至头顶、继续向脑后、颈部按摩。继续按摩下落至身体胸腹下部的髋关节。不停，双腿屈膝下蹲，两手沿着大腿内侧按摩至小腿踝关节处。不停，两手滑按两腿下部外侧，

继续向大腿外侧上按至髋关节处。（图 4–45 至图 4–55）

此为行功一次，共完成 9 次。

图 4–41

图 4–42

图 4–43

图 4–44

图 4-45

图 4-46

图 4-47

图 4-48

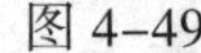

图 4-49　图 4-50　图 4-51

图 4-52

图 4-53

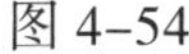

图 4–54

图 4–55

要点：按摩全身上下，用力均衡、暗劲轻揉。

功效：导引气血运行，活气活血，疏通筋络，强内壮外。

第五势：灵官架鞭

两腿开步直立。（图 4–56）

左势练习：大腿屈膝成马步，双手自然垂于裆前。（图 4–57）

随吸气时，两手十字手相交，缓缓上抬于胸前，掌心均向体外侧。（图 4–58）不停，呼气时身体重心左移成横裆步，两手缓缓侧展开，目视右手。（图 4–59）

双手下落于裆前，身体重心还原成马步。（图 4–60）

右势练习：随吸气时，两手十字手相交，缓缓上抬于胸前，掌心均向体外侧。（图 4–61）不停，呼气时身体重心右移成横裆步，两手掌心含空缓缓侧展开，目视左手。（图 4–62）

双手下落于裆前，身体重心还原成马步。（图 4–63）

图 4-56

图 4-57

图 4-58

图 4-59

图 4-60

图 4-61

图 4-62

图 4-63

要点：随呼吸左右练习为一次，共做九次。两手上抬成十字手时动作要匀速缓慢、气贯双臂。撑掌时需松肩沉肘、气贯双手的指尖。练习时，气定神闲，浑然忘我。

功效：勤贯手臂，增强手臂、手指的内气流量，舒筋活血，气达手指末梢处。

第六势：翻江倒海

开步直立。（图 4–64）

身体左转腰时吸气，随呼气时右手向左甩动，在体前用掌心击打肚脐眼，左手后摆用手后臂击打命门穴。（图 4–65）

不停，身体向右转腰时吸气，随呼气时左手向右甩动，在体前用掌心击打肚脐眼，右手后摆用手后臂击打命门穴。（图 66）另可用掌或拳左右击打腹部、肋、肩等上体各腹背部。拍打时，必须由下向上击打身体。（图 4–67 至图 4–73）左右为一次练习，练习 9 次。

图 4–64

图 4–65

图 4–66　　图 4–67

图 4–68　　图 4–69　　图 4–70

要点：击打时，腹部紧张形成对抗之力。击打的力量在开始练习时用力需轻，待功力逐渐提高后，才可增至相应的击打之力。切勿蛮力、急功近利！日积月累，功力自增，自可达到内强外壮的目的。

图 4-71　　图 4-72　　图 4-73

功效：双手内外劳宫穴与肚挤眼、命门穴在击打过程中均受到刺激，充气充血，对人体脏器和经络、穴位均有很好的锻炼。

第七势：浪子拾柴

顺时针练习：并步直立。（图 4-74）

左腿屈膝提起，膝盖高度同髋部高，双手在体前合抱成圆球状，掌心含空，五指撑开，大拇指向上，以左脚踝关节为圆点，脚掌成顺时针方向划弧 9 圈。（图 4-75）

左腿下落还原成并步。

右腿屈膝提起，膝盖高于髋部，双手在体前合抱成圆球状，掌心含空，五指撑开，大拇指向上，以左脚踝关节为圆点，脚掌成顺时针方向划弧 9 圈。（图 4-76）

左腿下落还原成并步。

逆时针练习：左腿屈膝提起，膝盖高于髋部，双手在体前合抱成圆球状，掌心含空，五指撑开，大拇指向上，以左脚踝关节为圆点，脚掌成逆时针方向划弧 9 圈。（图 4-77）

左腿下落还原成并步。

右腿屈膝提起，膝盖高于髋部，双手在体前合抱成圆球状，掌心含空五指撑开，大拇指向上，以左脚踝关节为圆点，脚掌成逆时针方向划弧 9 圈。（图 4–78）

左腿下落还原成并步。

图 4–74　图 4–75　图 4–76

图 4–77　图 4–78

要点： 屈膝提腿时，支撑腿必须挺直，不得弯曲，动作始终保持身体直立，中正安舒、松静自然，旋转时脚踝关节需松柔灵动的转动脚掌，达到顺随连绵，身体不得晃动，重心稳定，神态祥和。

功效： 增加腿部、筋络灵活度以及腿部的支撑力、脚劲、髋关节力量、平衡力，手臂力量、控腿能力等。

第八势：三环套月

由内向外划弧练习：开步直立。（图 4–79）

两手随两腿屈膝成马步时，在体前相交于裆部下前、两手心向体内。（图 4–80）

双手向头上方抬起相交、手心向体前。（图 4–81）

两手不停，各自继续向身体外侧划弧下落于裆部前相交。（图 4–82）如此划弧 3 次。

由外向内划弧练习：开步直立。（图 4–83）两手随两腿屈膝成马步时，从两体下侧向上划弧相交于头顶上方、掌心均向体侧部外。（图 4–84）双手下落于裆前、两手心均向体内。（图 4–85）如此划弧 3 次。

图 4–79

图 4–80

图 4–81　　图 4–82　　图 4–83

图 4–84

图 4–85

要点：简言之就是两手从内外两个不同方向划圆弧的运动。一个是从身体前面的下部向头上部、再在身体上部侧分开下落划弧于身体的外下侧，形成一个圆的轨迹运动。另一个是从身体的下部向上部至头部后，下落划弧度，唯内外运动轨迹的方向不同。

功效： 活臂活血、松肩开裆。节奏匀称、手臂划弧力度均衡缓慢。

第九势：怀中抱月

身体直立，中正安舒，丹田之气下沉，开步与肩同宽。头虚灵顶劲，松肩沉肘合抱圆撑、掌心含空、松胯敛臀、双脚掌心含空脚趾抓地。自然呼吸状态，心无杂念。

双腿微微屈膝成高马步姿势，两手于体前成环抱球状。手心朝身里，大拇指均上翘，如抱大树。

如此静站，初学者站立时间开始 10 天内可站 5－7 分钟。（图 4–86）10 天后，延长站立为 15～20 分钟。一月后，每次练习站 30 分钟即可。

图 4–86

要点： 呼吸细匀深长，全身思想自然，不可紧张。

功效： 强肾强腰，可调节人体筋络，通畅气血，强健身体。

第十势：九转丹田

姿势与身法要求同怀中抱月，两手抱球不变，腰部做左右旋转各九次运动。（图 4–87、图 4–88、图 4–89）

图 4–87

图 4–88

图 4–89

要点：髋关节以下的大腿、小腿、脚步保持静止姿势，不得晃动。身体以腰旋转，而不是手在旋转，是以腰带动的旋转。

功效：腰腹部为人体中节，上连头部，下连腿部，乃人体五脏六腑等重要腹地。人体吸收的营养和废弃物也居其里。很多疾病的产生也发源于人体中部。所以要经常转腰，活气血、壮筋骨、通脏器、利消化、排毒排污、增强免疫力。

宁静致远有容乃大
静极生慧无欲则刚

养生是智慧
没有慧心是做不到的

生命就一回
远离疾患，从现在开始养生

把健身当习惯
活出精彩的人生！

"我命在我不在天"。

道家认为，人的生命完全可以由自己掌握，生命的长短也掌握在自己手里。为了证明人类是掌握自己命运的主人，千百年来，无数道家养生的前辈们，用自己修炼养生的实践，不断地抵抗死亡，追求长生，他们夺天地造化之功，进行着与命运抗争的活动。

老子曰："人法地，地法天，天法道，道法自然。"

道家养生，是从人与天地、人与自然，相互对应的角度来考虑养生的方式、方法和措施。它要求人们尊重宇宙，尊重自然，遵循社会发展的规律。在这个基础上做事，要顺天时，合地利，谐江河。不要去做那些违背自然法则，违反社会规律的事情。

"上善若水，水善利万物而不争。"

修道、修心、修身，要求人们要有一种如水一样的平常心态和美德，要减少私心，寡欲淡泊。这样才能做到与自然界统一，达到天人合一、养生长寿的目的。

自古以来，修道是有讲究的。

道士下穿云鞋白袜，上着青蓝道袍，满发大领是继承了大汉民族汉唐之遗风。

道人，言姓不言寿。道教弟子仅改名号不改姓，道家本来是看淡生死，修行的目的是求得解脱，超脱生死，认为生与死仅是生命在瞬间的转换，小小的轮回。修道者不在乎年纪的大小，故忌问寿。

修道之人因为看透种种繁杂之事让人产生的烦恼，故出家以求清静，若再问俗家六亲琐事，重提烦恼，犯了出家人的忌讳。

道院最讲清静，忌讳喧哗妄为。

道观，乃十方修真之士聚会之地。地秀物灵，仙气浓郁，羽士出入，仙圣来往，道范宣行；众生闻经悟道，故以清静、虔诚、淡泊为心志而出入道观，不可妄为喧哗。

凡是道院设置之钟、鼓、锣、铃诸般法器，各有妙用；尤其是大钟大鼓乃壮大道观之威仪，增强道观之气势，感召百灵；敲打念唱，自有法度，动静行为很有讲究。如若，非其时敲击诸般法器，打破清静，惊扰微灵，阴阳之气紊乱，致使鬼神不安，人事不和，魔障四起，是非丛生；击打之人身负罪过，亦难逃灾厄之困，因而道院非常重视，凡是常住道士和游人香客，以清静心

入观，用恭敬心面圣，文明游览，以祈家安人和、四时顺遂、诸事和谐。

道家人注重修行，有三不问四不吃之规矩。

不问寿；不拉家常、言俗事；不问籍贯。

不吃：

1. 狗：古往今来，人们常说："子不嫌母丑，狗不嫌家贫"。终生随主，为主效劳，不可食也，其为忠也。

2. 牛：一辈子吃的是草，挤出的是奶，终生劳作，普济众生，它太辛劳了，不能吃，此乃义也。

3. 乌鱼：乌鱼产仔的时候，身体极为虚弱，两眼昏花，什么也看不见，只待饿死升天，乌鱼鱼崽最有孝心，宁可自己游入母嘴，给娘充饥，也不能让娘饿死，其为孝。

4. 大雁：失偶孤雁，终生独居，处境凄凉，矢志不渝，不再婚配，此乃洁也。

第一节　道家静功

一、静坐法

静功，道家称为服气、吐纳。通过静坐，让自己的思想安静下来，道谓"存思"。

《道德经》："载营魄，抱一能无离，专气致柔，能婴儿"。婴儿者，无思无虑，饿者食，渴者饮，完全是种自然的状态之中。"至虚极，守静笃，万物并作，吾以观其复。"

守静是修炼根本，也是养生的唯一途径。

道之为物，惟恍为惚。惚兮恍兮，其中有象，恍兮惚兮，其中有物……讲的就是入静的状态。

静坐，是为了入静。

入静也是修炼内功的第一关，也是至关重要的一关。世人都有凡尘杂念。内心里的灰尘，必须运用慧剑斩心。静坐有利于调整人的心态和情绪。一个心烦气躁的人、内心有杂念的人、五心不定的人，是很难去做好静坐的修炼的。

古人没有现代仪器来检测人的脑电图、心电图、心肌、脉息等，而道门中的静坐，其实也是自我检测身体好坏的一种很好办法。

假如一个人静坐几小时而身无疲乏、疼酸、胀痛，说明你气机很旺盛、很通畅，你的身体很好。相反静坐一会，身体酸麻胀痛在某些部位有反应，说明你的身体有气血不通的地方。“通则不痛，痛则不通”说的就是这个道理。

静坐，还能让人放空思想，全身进入松静状态，有利于大脑神清气爽，达到明心见性、增长智慧的目的。

静坐好处多多，所以道门中人常常用静坐来调整自己的身心。

道家认为通过静坐、站桩或者卧姿三种形态，才能入静。道家称之为守一，佛家称之为入空。

静坐，能对身体进行非常有益的调理，以致阴阳平衡，经络疏通；在入静状态下，气机才能发动，真气才能勃勃生发。

人的下丹田就像一个熔炉，只有入静才能点起熊熊火焰：又像一个蒸锅，只有入静才能引起沸腾。

对于初学者来说，入静首先要克服各种杂念，在心态祥和、思想安静状态下练习为佳。

入静的感觉

神志：练功处于似睡非睡的状态，思维处于停止状态，感觉到自身消失，与天合一，就是入静的较高阶段了。

呼吸：呼吸较平常更细、匀、深、缓。有时会出现胎息，即肚脐呼吸、皮肤呼吸现象。皮肤吸气时有凉感，呼气时有热感。任其自然，不刻意追求其结果。

体感：真正进入入静状态，能感觉到全身周围会是一个气场，真气与天地之气浑然一体，此刻即进入了入静之门。随着练习的时间久了，练功者会感觉到身体丹田部位真气跳动、滚动、流动，身体发热，发光。或者感到身轻如云。

意识：出现各种景象。如见神灵，如闻虫鸣、鸟叫，异香扑鼻，佳人如画，山川美景、亭台楼阁，历历在目。这些都称之为幻景；练功者必须稳住心神，视而不见，听而不闻，保持心境不起波澜。

入静的姿式

有平坐式、散盘式、单盘式和双盘式。

初学者以平坐式为宜，这样四肢舒畅有利于入静。

随着功夫的加深，逐渐过渡到盘腿式，进入高层次时必须以双盘才能出功夫。这种姿式最大的优点就是下盘稳固有利于气机在躯干部位发动，而且一旦真气充盈了，下盘坚固的阻力也有利于锻炼内气的力量、自然放松，才有利于入静。

静坐，要求脊柱竖直，全身的肌肉放松，既凝静而又不僵。太极拳的“虚灵顶劲”，头往上顶，脊椎自然就竖直了，就是此要求。

入静的方法

有呼吸法、意守法、体感法和口诀法等。

呼吸法

又称随息法。也就是意念集中在呼吸上，随呼吸上下出入，

以达到一念代万念的方法。对初学者来说，呼吸入静法是一个方便法门。

呼吸入静可以只注意吸气，而呼气不着意随之而出，也可以只注意呼气，不注意吸气，或随呼吸上下出入。

在全身经络已经畅通的情况下，可以着意于皮肤上，用皮肤的毛细孔吸进天地宇宙间的清灵之气，呼出全身的病气，浊气，用这种意念配合呼吸一段时间，然后放松，什么都不想，呼吸自然，保持头脑空白和身体松弛舒适的状态，一旦杂念上来，再用皮肤呼吸法排出杂念，这样一念代万念，就能逐步进入入静的深层次。

意守法

这是最常用的入静法。

意守的穴位主要有上中下丹田、会阴、命门、涌泉。

优点是容易聚气，得气较快，但缺点是火候不容易掌握。所谓火候就是指神意于穴位的轻重程度。一般要求似守非守，轻轻着意，勿忘勿助，或者呼气时放开，或者吸气时放开。千万不可死死守住，否则就会出现阳气上亢、气滞的现象，引起全身各方面的不适，特别是头昏脑胀。

意守穴位，一般以意守下丹田为普遍（肚脐下 5cm），因为下

丹田为真气生发之海，一般练周天功多以意守下丹田为主。意守穴位最好配合观想。

体感法

练功一段时间以后，全身经络都已通气，这时最重要的感觉是真气在体内发动，如真气的流动、窜动、跳动感，还有全身通气时真气的颤动感（类似通电的感觉）和气场感，还有真气生发时的热感。这种入静法不会带来任何流弊，能提高内省的功力，为日后的观想法以及出现一些高功能打下基础。

口诀法

默念口诀是帮助入静的妙法。语言本身就有暗示的作用，特别是世代相传的口诀，经过各代师傅的传授，更是具有特殊的信息，具有不可思议的力量。

在入静练习里，练习者均需立身中正，虚灵顶劲，全身放松，心无杂念。用鼻呼吸，做到细、匀、深、长；或者成自然之态呼吸，什么都不想，保持头脑空白和身体松弛舒适的状态。此法适合在没有师父的指导下练功。

笔者在武当会馆里，生活较清苦。冬天和春季里，我常在床上静坐 10 多个小时，而身无疲乏之感。不仅人的气机、精神健旺了，而且做到了即使全天的教拳、练拳，期间常常一天仅吃一顿饭。至今我也常常坚持静坐练功，一天吃一餐。

道家对练功达到一定程度有句名言："精满不思睡，气满不思食"，道出了静坐、站桩练功的好处。

二、其他修炼的几种方式

数息法

在静坐时默数自己的呼吸，称为数息。从一至十，从十至百，周而复始，可以帮你很快的入静。

听息法

在静坐时仔细听自己的呼吸，这样可以精神集中，帮你入静。

坐默丹田法

在静坐时，把意念集中在身体的丹田部位（脐下三指处），它有助于排除杂念，很快入静。也是常修静功的普遍方法。

内景法

不能意守丹田时，可以意守太阳、月亮、星辰、树木、鲜花等美好的事物，使用这种方法，也可以帮你入静。

第二节　道家食气法

《本草衍义总论》：“夫善养生者，养其内。不善养生者，养其外。养外者，实外，以充快，悦泽、贪欲、恣情为务，殊不知外实则内虚也。营养内者，使脏腑安和，三焦各守其位”。

“民以食为天”

道家食气法，很有讲究。主张素食，主张半饥半饱，主张采集天地日月之精华，万物之灵气为我所用，为我所吸收，达到适合自然环境的食补、交流和统一，有利于身体健康长寿。

天地之灵气，日月之精华，有形无形地和我们人体发生着某种看得见、看不见的联系，这是客观存在的。这里简单谈下饮食养生的一些要义。

《黄帝内经》：“天食人以五气，地食人以五味”。

道家认为：人与自然是息息相关的，环境、气候变化，势必影响人体内阴阳的变化，想要保持人体内的阴阳协调，则必须做到与自然界的变化和相适应。

在自然界里，有一年四季的变化，有风湿暑燥寒的不同，与此同时人体的生理活动，也会随着自然界的变化而变化，所以道家养生根据季节的变化，体质的差异，疾病的属性，来选择食物，这便是食疗。

“春夏养阳”

秋冬阴气旺盛，要注意“秋冬养阴”。《摄生消息论》：“当春之时，食味宜减酸益甘，以养脾气。当夏之时，饮食之味，宜减苦增辛，以养肺心气。当秋之时，饮食之味，宜减辛增酸，以养肝气。冬月肾水味咸，恐水克火，心受病耳，故宜养心。”

饮食是维持人体生命的最基本条件。

当人摄入饮食后，五谷精气就充足，精气充足，气血就旺盛，气血旺盛了，筋骨就强壮。所以脾胃是五脏的根本，是后天的源泉，其它肝肾心肺四脏之气，都秉承于脾。所以不管任何季节都应以胃气为本。在人的身体中，阴阳的运行，五行的相生，都因饮食而产生。

年少的人，真气、元气都处在充足的状态，即是有时失于饥饱，或者偶然吃了生冷的食物，因为他的脾胃强盛，也不会造成太大的影响。

相反上了年岁的人，真气枯竭，五脏衰弱，全靠饮食来养气、养血，如果这时生冷无节，饥饱失宜，调停无度，就会产生疾患。

所以年老人的饮食，大都以温热、熟软为宜，忌食粘硬生冷的食物。要每天步行一二百步，用运动来消化食物。不要吃得太饱，应该少吃多餐，这样脾胃才容易消化，此点是老年人的养生要诀。

饮食有五味，即：酸、甘、苦、辛、咸。五味入口与人的脏腑经络密切相连，虽然如此，也有一些会导致疾病的发生。

酸味走筋，过多食用，会导致小便不通。
咸味走血，过多食用，会造成人经常口渴。
辛味走气，过食辛味，会引起人心中空虚。
苦味走骨，过多食用，会引起呕吐。
甘味走肉，过食甘味，会使人心中烦闷。
五味通经，各有所归，过者反为恶矣。

道家讲："早上吃好，中午吃饱，晚上吃少"，这很有道理。晚上真气过盛欲溢而出，应该少吃。按道家养生的理论，早饭须细嚼慢咽，先将饭食细嚼后，慢慢咽下五口，五脏接收了这些饭食，脏神则能安稳，米食进入腹中，才能达到养气，古时把这称为“白丹”。

人在稍微饥饿时就应加入食物，以次数多而量少为佳，食不能过饱，过食则伤胃气。

真正的养生之道，应该是饱中饥，饥中饱。要想人长生，须向此中求。

第三节　道家养生忌法

元气，是古代道家求仙的要旨，也是生命的根本所在。

道教主张人要保养好人体元气、真气，养浩然之正气。正气存身百病难侵。许多疾病的产生，也是我们的气机受到损害。所以，正确、合理、科学的养生，对于我们的健康来说是非常重要的。

寒暑冷热、四节更替都会产生不利于我们身体的因素。损害我们健康的因素虽然很多，而主要原因则在于我们自己的行为习惯不健康、不科学，不懂得养身、养生、养心，没有认真地去对待和遵从自然法则。人只有顺应时令、气候、季节的变化而变化，采取科学的保护自己的养生健身措施，我们才能与自然界达到和谐、统一，从而减少疾病的产生，达到健康、长生的目的。

养生要少思、少念、少欲、少事、少语、少笑、少愁、少乐、少喜、少怒、少好、少恶。多思会使人精神疲惫，多念会使人心志不专，多欲就会残害志气，多事会身体疲劳，多语就会与人意气相争，多笑能使人脏腑受损伤，多愁就会使人心中抑郁，多喜就会使人健忘，多怒就会使百脉失调难控，多好就会使专业爱好得不到精熟，多恶会使人抑郁寡欢。

道教养生忌讳人体产生五劳七伤。

五劳指的是志劳、思劳、心劳、忧劳、疲劳。这些都是伤害我们身体健康的，在生活里大家一定要注意。

道家认为过度疲劳会损伤元气，（志劳）其主要表现在容颜形体的变化上。饥饱过度会损伤脾胃。

思过度，会损害心神。

道家养生有六极一说。

六极，一为气极，使人内虚，五脏气不足，邪气多，正气少，不想言谈。

二为血极，使人脸无颜色，眉毛脱落，健忘。

三为筋极，使人常转筋，指爪甲极为痛苦，疲倦不能久立。

四为骨极，使人牙齿发酸，手足烦痛，不能站立，不思行动。

五为肌极，使人瘦弱无光泽，不思饮食，身体羸瘦。

六为精极，使人少气无力，呼吸不畅，内虚，五脏之气不足，毛发脱落，多悲健忘。

第四节　道家五养法

五脏说法有二。

一是指五脏与体内组织，或系统的联系。即心是主脉，肺是主皮，肝是主筋，脾是主肉，肾是主骨，见《素问·宜明五气篇》。

二是指五脏与色味的联系。

《天皇至道太清玉册》卷八中有记载：“五脏所主：心主臭，肝主色，脾主味，肺主声，肾主液。”看其所主，即知脏器所病。书中还记载了五脏所好：“心病好妄言，肝病好呼叫，脾病好歌，肺病好哭，肾病好呻吟。

《素问·宜明五气篇》还有五脏所恶。

五脏各随其性能与气化而有所恶：“心恶热，肺恶寒，肝恶风，脾恶湿，肾恶燥”。这些都是五脏疾病所表现的特征。

五海即五脏六腑之海：中医称脑为髓海，冲为血海，命门为精海，丹田为气海，胃为水谷之海。

《灵枢·五癃津液别篇》：“水谷皆入口，其味有五，各注其海，津液各走其道。”五脏六腑之海，一是指冲脉，因为冲脉总领诸经之血，调节五脏六腑的灌注，所以得名。

《灵枢·逆顺肥瘦》：“冲脉者，五脏六腑之海也，五脏六腑皆禀焉。”二是指胃，因其受纳水谷，为脏腑营养之源，所以得名。

《灵枢·五味》：“胃者，五脏六腑之海也，水谷入于胃，五脏六腑皆禀气于胃。”

有了五海、五脏、五好、五恶，五行就有了不平衡的时候，所以道家就提出了“五养”，来调整自身，使体内达到平衡。春养脾、夏养肺、秋养肝、冬养心、四季养肾。五脏得养，百病不生。

虽有五养，还有五难，是指修道养生的五种阻难。

《云笈七签·至言总养生篇》中指出：“嵇康曰：养生有五难，名利不去为一难，喜怒不除为二难，声色不去为三难，滋味不绝为四难，神虚精散为五难，五者不去，虽心希难老，口诵至言，咀嚼英华，呼吸太阳，不能回其操，不免夭其年。止者无于胸中，则信顺日济，道德日全，不祈喜面有神，不求寿而延年，此亦养生之大经也。”

五难不去亦难养生，然五欲若存，养生则更无望矣。

五欲也是内练的名词。

道家有五欲，此为养生之大阻。

《管子·内业》以耳、目、鼻、口、心为五欲，佛教则以声、色、音、味、触为五欲，《法华经·譬喻篇》则以财、色、名、饮食、睡眠为五欲。虽说法不一，但都为修道之大碍。

五难、五欲，都在不断地损耗人体的阳精、元气。阳精元气，道家称为色身至宝，

《悟真篇》中讲："丹是色身至宝，炼成变化无穷，更与性上究真宗，决了生死妙用。"

清朝刘一明解释："缘智子曰：一点真阳，秘在形山，不在心肾，而在乎玄关一窍，一点真阳即丹也。秘在形山，即为色身之宝也。丹非别物，即先天一点至阳之精，又谓先天真一之气，又为浩然之气。藏之谓真空，发之为妙用，其体为天良，其用为道心，是人色身之至宝，非心肾所有之物，乃在玄关中藏之。玄关一窍，无方无所，无形无象，此丹亦无方无所，无形无象，动静自如，色身不拘，活活泼泼的，若用火煅成坚实之物，常应常静，常静常应，变化无穷，神妙不测。"

拿到色身至宝后，方求五适。

五适即是：如果你忘了脚的存在，鞋子必定舒适。如果忘了腰的存在，腰带必定舒适。如果忘了是非思想，心必定舒适。如果内无心神波动，外又不追逐事物，境遇必定舒适。如果一开始就觉得舒适，从就没有过不适之处，这就是连舒适都忘记了的舒适。

第五节　道家四季养生法

每天卯时，即是鸡叫时分，拥被而坐，进行调息、叩齿、凝神，当神舍气安之后，实行周天，便会觉得周身和畅，血脉自然流通。这时，口内生津，肠胃充满神气，就用津液漱口，然后吞下，导引至丹田，以滋阴补阳。

调息完毕，将两手搓热，摩擦全身至热方可。

晚上临睡前，应将四肢腹部摩擦几十遍，古称干沐浴。平时做到舌抵上颚，这样有助于津液的产生。

春，万物复苏的季节。天地间出现勃勃的生气，人们应当早睡早起。多到室外空气质量好的环境之中去散步，舒张身体，运动锻炼，使身体随着春天的生气而勃发。

夏，是繁衍秀美的季节，天地阴阳之气相交，植物开花结果，人们应该晚睡早起。

秋，万物成熟的季节。天气劲急，地气清明，应早睡早起，使神志安定，借以舒缓三秋的肃杀之气。精神要内守，使气得以平和，不使意志外驰，而使肺气均匀，这是对秋天收养的呼应。

冬，是生机潜伏的季节。水已结冰，大地被冻裂，这时的人们不要扰动阳气，应该早卧晚起。待天明方起，做到避寒就温，方能达到冬藏的结果。

祖先给我们留下了许多关于长寿养生的方法，其中以“长寿四道”最有见地。

1. 无事以当贵：保持潇洒大度，随遇而安，不要过于在意荣辱得失。“上善若水”，要有一颗寻常心。

2. 早寝以当富：良好的起居习惯是很重要的，早睡早起比任何财富更加宝贵。

3. 安步以当车：能走路就不要坐车，能爬楼梯就少坐电梯。生命在于运动，过分的安逸，都可能给生命造成威胁。

4. 晚食以当少：饥而进食，粗茶淡饭胜过山珍海味，吃得不能太饱，要适可而止。

道家养生八戒

1. 不把热水加进冷水里饮。
2. 寒冷的天气不靠近火炉。
3. 沐浴后不迎着风口。
4. 出汗后不立即脱衣。
5. 冲热了身体不入冷水之中。
6. 不对着日月南北斗沐浴。
7. 不在星辰下大小便。
8. 裸露的身体不要冲犯霜雾和山里的瘴气。

《太平广记·汉武帝》记载："王母曰：夫欲修身，当营其气，太仙真经所谓行'益易'之道，益者益精，易者易形，能益能易，名上仙籍。不益不易，不离死厄。行'益易'者，谓常思灵宝也。灵者，神也。宝者，精也。子但能爱精握固，闭气吞液，气化为血，血化为精，精化为神，神化为液，液化为骨，行之不倦，神精充溢，为之一年易气，二年易血，三年易精，四年易脉，五年易髓，六年易骨，七年易筋，八年易发，九年易形，形易则变化，变化则成道，成道则为仙道。"

扫码看蒋剑老师视频教你太极·武当桩功要诀，快速掌握动作技巧

习武站桩落地生根 根深叶茂气运周身

武当桩功

武当功夫以道为法、以桩为本、以气为源。而桩功的修炼是很重要和关键的。无桩不是功，无桩脚无根。站桩能强化人体肾脏之气，肾气强足，精神健旺。站桩也是我们获得人体气力和能量的最佳修炼法。拳谚语："习武不站桩，等于瞎晃荡！"讲的就是这个道理。

武当桩功有静桩和动桩之分，动静结合而行功，它的最高境界就是后天复返于先天这一点中，层层先天的返修复归，最终归于混沌，归于一中，并且在一中、在混沌中极化、核化、心化，继续逆化由太始至太素，由太素至太初，由太初至太易，由太易而归于太虚。

最后达成浑圆一体，聚散自然，聚则成形，散则成神的最高自然之境。

一、无极桩

天地初开，万物混沌，无极而生。无极，无形无相、无始无终。为万物未开始之初状。

无极，生太极，太极生两仪。太极即阴阳。阴阳是大道，大道无形无相，大道行天下，大德贯古今。两仪乃天地是也。两仪生三才，天、地、人是也。三才生四象，东西南北是也。四象生五行，金木水火土是也。

无极桩，乃武当功夫的基础桩功。开始习练武当功夫就得从无极桩开始，去除身上的虚力，逐步建立实力，即人们常说的练功去虚得实。

练习者开步同肩宽站立。两手成混元诀合抱圆撑于丹田处，身体中正安舒，头颈部虚灵顶劲，含胸拔背，松肩沉肘，气沉丹田，两脚掌心含空，双脚五趾抓地，两腿保持直立，呼吸自然，排除身心一切私心杂念。什么也不想，延长站桩时间。初学者 10 分钟左右，三天后延长至一刻钟，一周后基本可站半小时左右。（图 6–1、图 6–2）

图 6–1

图 6–2

无极桩，主要是排除杂念，为的是将身体全身贯穿、撑开，将丹田之气下沉，加大内气的流量，同时将虚劲去掉转化为实劲。随着练习的时间和次数增加，腿劲逐步加强了，人体的肾气也随之充盈起来，从而内力大增，精神健旺，气血饱满。

二、混元桩

混元桩是在熟悉掌握无极桩的基础上的第二步站桩法。其锻炼的难度和强度明显高于无极桩。要领同无极桩法，不同的是两膝要微微半蹲，松胯敛臀。（图 6–3）

此桩功具有极强的健身、强身、技击性。

图 6–3

站桩是件很长功夫的活。经常习练混元桩，既能通筋活血、祛除疾患，增长体能和肌体的活力，又能落地生根，气贯周身，增强我们的内气、内力，提高武术的防身技击实力。无疑，站混元桩难度大，很枯燥，也很苦和累，但苦中有乐，苦能出功夫，苦能强健我们的体魄，苦尽甘来，我们得到的是身体的强壮。同时，在站混元桩的锻炼里，我们的心态也正了、平和了，彰显出强大的意志之力。

肌肉之力、气血之力都是人体必需的，特别是意志之力、心气之力、精神之力随着站混元桩的修炼，也有非凡的提高。所有这些能量、智慧的提升，都是站桩的功效体现。

只有热爱武术的人、心态平和的人、明了站桩积极意义的人，才会身如大树站似松，爱站桩和能够持久的站桩，说明你的身体很棒。相反，那些心烦气躁之人、内心不够平静之人、思想有杂念的人，是站不了桩，也站不好桩的。

三、天地桩

站桩讲究：练精化气，练气化神，练神还虚，练虚合道、虚空合道。

仙有五等：鬼仙、人仙、地仙、神仙、天仙。

《三论元旨》，依“重玄”哲学，分炼神入定的三阶次为“摄心归一”（安定）、“灰心忘一”（灭定）、“悟心真一”（泰定）三阶。最终境界为“真”，故有修真之说。

天地桩，内聚五行真气，外采天真地灵。

练此桩前最好空腹，除净大小便，裤带不可太紧，以自然松垂为度。

自然松静站立，一切是自然的状态，目平视前方。意念：我站在高山之巅，天高云淡，和风拂身，我与山川大地融合为一。吸天地之灵气，揽日月之光华，吐故纳新，天人合一。

天地桩练法：

双脚与肩同宽开步直立，呼吸自然。（图 6–4）缓缓吸气时，双手臂从身体两侧缓慢侧展，手掌心向下。（图 6–5）呼气时两手臂极力向体外伸展成一条直线后，将气吐尽。意念中手指尖无线延长。正气存身，伸筋拔骨。（图 6–6）两手臂旋转成手心向上，随吸气时缓缓向头顶上方圆撑合抱。（图 6–7）

图 6-4　　图 6-5

图 6-6　　图 6-7

呼气时，两手相对、两手心向下缓缓下按。（图 6-8）双手按于下腹前，将气吐尽。（图 6-9）

下按时，意念高山流水，从头浇到脚下，身体废气、病气、浊气等不利病毒全部奔脚下而出。

一呼一吸为一息，如此练习 49 息。然后将口中津液分三口吞下，收功。

图 6–8

图 6–9

本桩为动桩，吐故纳新，调理气息，呼吸时需做到细、匀、深、长。道家讲，人依赖气而生存，人的生命首先离不开呼吸，人可以几天不吃不喝不睡，但决不可一时半会儿不呼吸。气是人体存活最为重要的生命要素，气长则性命长，气足则身体健旺。

天地桩，就是通过反复的经常操习，来调理我们的气息和身体，从而达到精气神的饱满，排除人体病毒，保证体内脏器和机能的营养供给，实现天人合一之境，与大自然默契地融为一体。

手臂的旋转，还可以活动好我们的肩关节，预防肩周炎的发生。

四、五龙盘柱桩

练习者，找一个环境优雅、安静之地练习。

此桩功属于高级桩功，难度高于其他一些功桩。

身体双盘入地而坐。上体直立，双手合抱圆撑，两掌心朝

体内，大拇指尖向上，掌心含空，含胸拔背，虚灵顶劲，气沉丹田，双眼目视前方，心无杂念，如此静止习练 20 分钟即可。（图 6-10）

双盘腿，对于常人来说有难度，但也不是不可掌握。练习者可多开髋部的韧带，比如大弓步压腿、正压、侧压、踢腿搬腿等腿功习练。

人老先从腿上、梢枝末节等开始衰退。所以，保持身体的柔性是很重要的。身体柔韧度好，则肝经通畅，肝脏功能强，人的解毒功能好。

在本桩的习练里，上体直立，需做到虚灵顶劲，两手的圆撑合抱以及掌心含空、含胸拔背，从而让我们的身体中上部气血得以贯穿和加强。

图 6-10

五、五爪金龙桩

专习手指之力。属于高级桩功，难度较大。

两腿双盘，双手指尖抓地，手臂直立，将身体撑起。收腹、力贯指尖、闭气。思想高度集中，不可散气分神。每次习练数十次，

时间长短依个人功力而定。（图 6–11）

刚开始不容易做到，可多练习手指推墙壁。即身体面对墙壁尺许，手五指点按墙上，反复做推、卧动作，每次数百次为度，待指力强足，方可练习此桩。

经常锻炼手指、脚趾的力量，则身体气血贯穿。十指连心，经常做到手指和脚趾的强劲有力，也是一个人体质好的体现。手、脚无力，是一个人生病的显著表现。所以，我们要多加强手指、脚趾的锻炼，通气活血，强指壮内，内外合一，百病不侵。

图 6–11

六、仙人捧珠桩

上体直立双腿盘坐，双眼微闭，全身放松，手臂侧展手心向上，双手如托捧物状。松肩沉肘，真气下沉，坐默丹田，呼吸自然，气贯手指。

心无杂念，身体顺其自然，保持静止姿势。（图 6–12）

此桩属于内养桩，主要是修炼我们的精气神，以达到调心、调意、调神之目的。练习时间，可逐渐延长。

选择水、山环境安静或优美之地练习，效果奇佳。能做到与山水的融合，有利于缓解人体疲惫，达到身心、气机畅通的目的，对于我们的身心和健康无疑好处多多。

每次习练后，练功者会感到一身轻松、心态舒畅、精神倍增。且手臂有沉重之感，手力大增。

练习时间长短依个人体力和时间而定，没有定法。但不必过长，一般不超过 1 小时为度，过长无益处。在山间、原野时，找个安静之地练练，美妙无穷！

图 6-12

七、一字桩

本桩为坐地桩。主要是锻炼腿部的柔韧持久度。腿部的柔韧性好，无疑会提高腿的灵活度以及腿法的难度，所以保持经常的压腿、劈腿、搬腿、耗腿等腿功的练习，对于我们的功夫提高和进步，好处多多。

一字桩有一定的难度和强度，练习者先要掌握下叉、横叉方可习练。

有 2 种方法。

竖叉桩：练习时，将两腿前后分开落地成一直线，上体前屈，一手前上成剑指刺出，另一手后摆于体后。如此静止不变一定时间段。两腿前后互换习练。（图 6–13）

横叉桩：两腿左右分开落地成一直线，两臂合抱圆撑于体前，上体直立不可前后低头弯腰。两手侧平举成立掌。如此静止一定时间。（图 6–14）

图 6–13

图 6–14

八、朝天桩

朝天桩是在掌握一字桩的基础才能练习。

初学者开始会不容易做到，得充分拉开髋关节的韧带，开叉好腿，逐渐来掌握此桩的习练。

一腿直立，用双手将另腿搬起来竖直，两腿垂直于地是一直线，保持身体姿势直立，目视前方，呼吸自然。两腿和上体必须直立的，不得弯曲。

如此静止一定的时间，可反复练习。（图 6–15）

两腿互换练习。可锻炼人的腿劲、韧性、平衡性、意志力等。有利于预防腿部衰老，提高腿功的技击灵活度和难度。对于健身和防身作用显著。此桩需经常坚持习练，方能保持腿的灵活度。

朝天问路一线天，风雨磨砺忘其年；
全身柔弱似无骨，通体贯穿福寿添。

图 6–15

九、仙人指路桩

本桩是在学会朝天桩的基础上习练，难度较大。

动作基本同朝天桩，唯单手搬腿举起另一条腿，另一只手成剑指从搬起的腿部前刺出，保持姿势静止不变，两腿互换练习。（图6–16）练习此桩，需上体中正安舒，做到松静自然，全身姿势舒展，不可低头弯腰。精神贯注，气息饱满，劲力贯注剑指尖。支撑腿要一丝不动，稳如泰山，落地生根。两腿上下必须成一直线，如此保持数分钟身体不晃动，方为功夫。

寒鸡独立向天鸣，落地有根气机生。
神仙指路通关窍，剑气存身破天魂。

图 6–16

十、仙人静坐桩

双腿盘腿而坐，上体自然直立。两臂撑开成剑指相对，手心向外合臂圆撑，含胸拔背，虚灵顶劲。呼吸自然，劲力贯手的剑指

尖上。心态安详和美，撑开身体保持自然的撑劲，似撑非撑，不可强努之力。（图 6–17）

如此持续一定的时间。视个人体力而掌握时间长短。

此桩主要是修炼上体的气机内部贯穿，同时将手臂圆撑开，形成上体的整体撑开，达到气机的畅通与充盈。有利于身体的内外调理、调和、调养。

神仙坐钟一颗心，合抱圆撑气贯身。
虚灵顶劲冲剑指，久久为功醒脑神。

图 6–17

十一、独臂剑指桩

运气于单手的食中剑指，剑指拄地，身体上部和双腿保持成一直线侧卧，屏住呼吸，将全身之气力贯注于剑指上。（图 6–18）

如此持续一定的时间段，两手互换练习。每次可练习几组。此桩难度很大，主要是修炼气力贯穿剑指。同时锻炼了臂力、腹肌力、顶力、耐力等。也是修炼二指禅的必备桩功。

修炼该桩时，开始可五指抓地练习，随着功力的增强，逐步减去小指、无名指、大拇指。在练习中决不可在剑指劲力不足以支撑身体的情况下强行习练，以免出现手指受伤，习练者切记！

点石成金有妙法，滴水穿石恒为功。
仙人卧睡惊人举，剑指如刚意志坚。

图 6-18

十二、铁牛耕地桩

此桩在掌握独臂剑指桩的基础上习练，属于高级桩功。

习练者两手成剑指，运气周身于剑指指尖撑地，双脚可置于物体高处。此刻屏住呼吸，不可气怒。精神集中，全身之气力贯注双手剑指。（图 6-19）

手指功夫提高后，可做身体下伏上起动作，次数依自己的功力而定，逐步增加。如此坚持必有大进步。

此桩也是二指禅的基础功夫，要求练习之中，身体与腿部保持一条直线，达到贯通的目的，脚尖搁置物体上，功夫进步后，脚搁置的物体高度越来越高，直到几乎身体成倒立状态的高度为佳。

练习好此桩，对于正确地掌握好二指禅的倒立有着重要的显著作用。

卧虎行功指力添，元神独守耕心田。
朝夕勤练苦为专，神功绝技非般仙。

图 6–19

十三、二龙戏珠桩

此桩是在铁牛耕地桩的基础上习练。属于高级桩功，非下苦心、恒心、毅力不可。是练习二指禅的必经之桩。难度很大，得反复在地上摸爬滚打方可成功。

将全身之气力贯注双手的剑指上，拄地倒立身体。两腿可分开慢起做倒立，或者直接双脚蹬地倒立，双腿在空中并拢，在倒立过程中，头微微上翘以维护重心的稳定，做好倒立。（图 6–20、图 6–21）

习练本桩也要进行手掌倒立的训练，先贴墙倒立，练至悬空倒立。再在地上反复习练，直到完全掌握能剑指拄地倒立，方为本桩成功。

此桩是个较为反复、漫长的苦活功夫，只有做到千锤百炼，不懈怠、不怕苦、不放弃，用滴水穿石之毅力，坚持科学的修炼，就一定能达到理想的境地。

寸指擎天非等闲，祖师功夫我辈传。
恒苦铸就绝世功，心中有道不枉天。

图 6–20

图 6–21

十四、仙人入座桩

此桩难度大，属于高级桩功。也是二指禅的重要基础训练。

训练方式多种，但都是一个目的，那就是将全身之气力贯注剑指上，提高手指的支撑能力，为二指禅倒立打下良好的功底。

可坐椅子上练功。将全身之气力贯注于两手的剑指上，剑指在体前按于椅子上，收腹时慢慢两腿分开成一直线。全身重量压于剑指上。屏住呼吸，精神集中，尽量延长支撑时间，可反复习练。（图 6–22）

另一种方法是坐于地上，将全身之力贯注于双手的两剑指上，剑指在身体的两侧拄地，身体重心后移慢慢收腹，将并拢的双腿缓缓撑起来离地悬空。屏住呼吸，精力集中，全身之力压在剑指上，目视前方。（图 6–23）

逐步延长支撑的时间，提高手指的力量。此桩同时也锻炼了人体的腹肌内力，手臂、手指的力量，动作的协调能力和平衡能力，有利于身体心脏的强劲，也对五脏之气和奇筋八脉之气机是个很好的调理和锻炼。

开始练习时不容易做到，可用五指撑起，随指力的增强，逐步减去小指、无名指和大拇指。直至能用双手的剑指支撑起身体保持一定的静止动作时间方为功成！

在练习中，要注意循序渐进，不可急功近利，避免手指受到损伤。要发扬滴水穿石之毅力和恒心，刻苦研习、积极锻炼，树立成功的信心。功夫不负苦心人，相信经过持久的磨砺和训练，一定能够做到此桩的成功的。

世上无难事，只怕有心人。习武练功是一个挑战自我，突破人体生理本能极限的活动。但必须要缓缓前行，不可急功近利贪图求快，避免欲速则不达的不利局面。

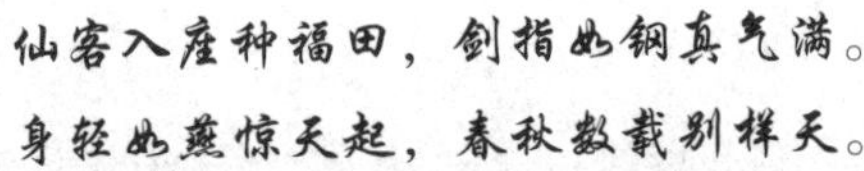
仙客入座种福田，剑指如钢真气满。
身轻如燕惊天起，春秋数载别样天。

图 6–22

图 6–23

十五、玄武指鼎桩

练习武功，最难习练的功夫就是指头上的功夫。

玄武指桩，就是武学里难度很大、很吃功夫的桩功，得经历数年恒心、苦练方为功！

开始之时在掌握手掌倒立和前面所述的一些基础桩功的基础上才可以完成此功的锻炼。

练习时，全身放松，精神集中，将气力贯注于手指。先用双手五指抓地倒立，练习一定的时间熟练成功后，再减去小手指锻炼，待熟练了此步骤后依次减去无名指、大拇指。

练至双手剑指能倒立时，逐步减去另一只手剑指的支撑，完成用单手的剑指拄地倒立，此功方为成。

开始时很不容易掌握平衡，可贴墙壁练习。待贴墙倒立熟练后，改为悬空指倒立练习。（图 6–24）

玄武指鼎藏窍要，
内外相合气神妙。
刚柔相济运无穷，
金针拄地转乾坤。

图 6–24

十六、雁落平沙桩

双腿盘腿而坐。上体直立，虚灵顶劲，松肩沉肘，含胸拔背，手臂侧展，神态安详，中正安舒。如此静止不变，自然呼吸，延长时间。（图 6–25）

该桩主要锻炼气贯手臂和手指，将上体脊椎撑开，气入脊髓，活气通血，修身养心。

盘坐如钟头顶悬，松静自然把掌撑。
含胸拔背气入髓，全身透空正气存。

图 6–25

十七、寒鸡独立桩

练习者一腿脚五趾抓地，屈膝半蹲。另一腿盘扣在屈膝的膝盖上，上体中正安舒，含胸拔背、双手合抱圆撑，掌心向体内，大拇指均向上。（图 6–26）

呼吸自然，保持姿势静止不变。时间依个人体力和练习的功力增加而逐步延长。每次练功，两腿互换习练。反复练习。

寒鸡独立桩，主要锻炼人体的下肢力量。预防腿部褪化，增强腿的活力，双手的合抱圆撑，便于上体的气机通畅。经常习练此桩，健身防身益处多多。

屈膝半蹲腿力增，合抱圆撑心安神。
五指抓地把根生，延年益寿多站行。

图 6–26

本章第一、二节标题旁有配套武当武术招式分解视频，请微信扫码获取。

武当剑法独步天下 拳映月华剑吻珠露

追风剑与太乙剑

武当剑法，天下闻名。

她，轻灵飘逸，独步武林。

追风剑，剑气追风！太乙剑，游龙戏水。

第一节　武当追风剑

扫码看蒋剑老师视频教你太极·武当追风剑要诀，快速掌握动作技巧

剑，一般三尺。故被古人称之为“三尺水”，有“百兵之君”之称。古人也奉剑为圣品，尊贵神灵，贤达俱崇。

剑，既是短兵器，也是道士手中的法器。在古战场短兵相接交战时，剑有着无比的威力和杀气。后来，剑与道教结下不解之缘，成了道士们手中的法器之一。商代就有制剑的历史。春秋战国为步战主要兵器。古代各朝代都很重视剑器的使用。

剑，乃短兵之祖，近搏之器，以道艺精深，遂入玄传奇。因其携之轻便，佩之神采，用之迅捷，故历朝王公帝侯、文士侠客、商贾庶民，莫不以持之为荣。“君子佩剑，盗贼使刀。”剑，既高雅又不失为防身、杀敌的利器。

剑与艺，自古常纵横沙场，称霸武林，立身立国，行仁仗义，故流传至今，被许多的文人墨客、侠义之士钟爱。今人也很多爱剑、收藏剑的，仍为世人喜爱，亦以其光荣历史，深植人心，斯可历传不衰。

剑，是由剑身、剑柄组成。按长度可分为长剑、短剑。按材料制成，有石、玉、木、竹、铜、铁、钢剑等。按练习形态有工、绵、行、醉、双剑、单剑、反手剑等。在技法、击法上，有劈、刺、点、撩、崩、截、抹、穿、挑、提、绞、扫、舞花等。

练习剑术，需要良好的拳法基础和武术功底。不同的剑术功架和行体，对演练者的要求也是不同的。所以剑也有快剑、慢剑、快慢相间等速度的不同练习方法。但有一个共同点就是，练习剑法均需身剑合一、周身灵动、上下相随、内外相合等。练习中，做到手眼身法步、识胆精气神的统一。

这套剑法是我随师父所学，我对其情有独钟，经年常习。

全套39动，属行剑体例。讲究豪迈奔放、大开大合。似追风赶日、风卷残云，又如闭月羞花、行云流水。剑花飞舞，动作大雅，节奏明快，快慢相合，举身灵动。内容广博，剑法丰富，气势饱满，精神雄武。象形取义，寓意有仙、树、凤、雁、海、云、蛇、妖、鱼、月、荷、水、山、龙、猴、狮、马、鹰、雀、风、虎、鸡、波、女、花、琶、童、星、火等。涵盖了剑技的经典之法：点、劈、撩、刺、斩、云、截、崩、挂、绞、带、藏、背、捧、扎、架、划等剑法，蕴含了自然之理、剑击之道法，不愧为武当剑法之精品。

起势：练习者直立，身体背北面南，左东右西。

第一段

1. 仙人指路

身体并步直立。左手持剑，右手成剑指垂于体侧。（图 7–1–1）

左脚左开步与肩同宽。上体微微右转。（图 7–1–2）

图 7–1–1　　图 7–1–2

左手持剑从左下向右下、右上方抡臂。（图 7–1–3）

不停，两脚原地左转，上体随之左转体 180°。左手继续抡臂划弧下落于左体侧。右手剑指从右耳侧随转体前指，手心向下。同时，右脚并于左脚，目视前方。（图 7–1–4、图 7–1–5）

要点：平心静气，呼吸自然。抡臂、转体、右刺指，一气呵成。动作协调，流畅完整。

图 7–1–3

图 7–1–4　　图 7–1–5

2. 古树盘根

右脚后撤一步，左手持剑沿右臂上穿出，右手剑指随右转体 90° 向右下划弧至右肩同高打开。目视右手剑指。（图 7–1–6、图 7–1–7）

左脚向右腿后插步，两腿屈膝成左歇步。两手随屈膝在体前屈臂盘肘，头部左摆目视左前方。（图 7–1–8）

要点： 退步、左手穿出、右转体、右手划弧，左插步、屈膝歇步、双盘肘、左摆头，连贯、流畅。

图 7–1–6

图 7–1–7　　图 7–1–8

3. 直捣中原

右手接剑，上体左转，左脚向左前方上成弓步。左手变剑指由右侧、右下向左下、左上方划弧后直臂架指，右手持剑成立剑，由右腰际向左前方直刺，高与肩平。目视左前方。（图 7–1–9）

要点：左上步、左手划弧、右接剑直刺，一气呵成。

图 7–1–9

4. 凤凰点头

右脚左方前上步，上体开步立起。右手直臂内旋成手心向右后，随即右手持剑做剪腕花分别在右臂内侧、外侧划弧各一圈。左手剑指后摆于体后。（图 7–1–10、图 7–1–11、图 7–1–12）

当剑尖在右体侧划弧至右肩部同高时，上体微微屈身后仰，随即右脚向左前方上小步屈膝半蹲，左脚并于右脚内侧成丁步。上体微左转时，右手持剑向前下方曲腕点剑。左手剑指摆于左后上方。（图 7–1–13）

要点：上步、剪腕花、屈膝点剑，一气呵成。

图 7–1–10　　图 7–1–11

图 7–1–12　　图 7–1–13

5. 孤雁寻窝

左脚后撤步，此时身体与起势方向相反。右手持剑随左撤步，向右上、左上方划弧落于左腰际，右手心向下。左手剑指随之附落于右腕部。目视剑上部。（图 7–1–14）

上体姿势保持不动，右脚向左前方盖步，左脚随即上步，两脚走弧形步法五步。（图 7–1–15、图 7–1–16、图 7–1–17）

左脚上步半弓，右手持剑向左前方反撩剑，右手心向右后。左手后摆，两手成一直线与肩同高。目视剑前方。（图 7–1–18）

要点：弧形走步在身体前面成半圆形，左上步、剑反撩，连贯、完整。

图 7–1–14　　图 7–1–15　　图 7–1–16

图 7–1–17　　图 7–1–18

6. 翻江倒海

右脚前上步，身体立起成开步。右手在体前做左右剪腕花动作各划弧一圈，当剑尖运行至右肩高时，左脚前上步，上体随之右转体 90° ，此时身体与起势同向。两腿屈膝半蹲成马步，右手持剑继续向右上、左上、左下曲腕下点剑，右手心向体内。左手剑指落于右腕部。目视左下方。（图 7–1–19、图 7–1–20、图 7–1–21、图 7–1–22、图 7–1–23、图 7–1–24）

要点： 右上步剪腕花、左上步右转体 90° 、屈膝马步点剑，连贯完整。

图 7–1–19　　图 7–1–20

图 7–1–21　　图 7–1–22

图 7-1-23　　图 7-1-24

7. 回头望月

右手持剑，手心向上内旋，屈架提于头部左上方。左手剑指，手心向后，屈臂下落于左膝盖上部，目视右手。（图 7-1-25）

上体随右脚向左腿后撤步转体 360°，右手持剑成仰手在头上方做平云剑一圈。（图 7-1-26、图 7-1-27）

不停，左脚随即向右腿后插步，右手持剑变俯手，在头上方平圆划弧一圈后向右上方斩剑，右手心向下。左手剑指后摆于头部左侧。（图 7-1-28、图 7-1-29）

要点：头顶做云剑，随上体转体插步，一气呵成，无断续之感。

图 7-1-25　　图 7-1-26　　图 7-1-27

图 7-1-28　　图 7-1-29

8. 白蛇吐信

左脚前上步，右脚随即屈膝半蹲马步。（图 7-1-30）

右手持剑，随右上步左转体在腰际平圆带剑 360°，落于右腰际，左手剑指后摆于左体后侧，目视右腰际。（图 7-1-31、图 7-1-32、图 7-1-33）右腿直立，上体左转 90°。右手持剑向右前方成立剑直刺，左手剑指附于右肩前，左腿屈膝上提，目视剑刺前方。（图 7-1-34）

要点：连续上步、转体、直立、刺剑，一气呵成，连贯完整。

图 7-1-30

图 7–1–31　　图 7–1–32

图 7–1–33　　图 7–1–34

9. 拨草寻蛇

左脚在左前方落地，右脚在左脚前盖步。随即上体左转体 360° 时，左脚左后撤步，右脚在左腿后插步，同时右手持剑在头顶成俯手，剑身由右向左划圆圈一周后随右脚插步时，右手变手心向上，剑身向左腋下后方抡斩剑。左手剑指附于右手腕部。目视左后下方。（图 7–1–35、图 7–1–36、图 7–1–37、图 7–1–38）

图 7–1–35　　图 7–1–36

图 7–1–37　　图 7–1–38

右脚向右前方上步，随上体右转体 360° 时，左脚向右腿后插步，左手侧展右手持剑成手心向上剑身由左向右在头顶上方划平圆。（图 7–1–39、图 7–1–40）右手持剑变手心向下，随即向右腋下后方抡斩剑，左手剑指附于右手腕部，目视右后下方。（图 7–1–41）

要点：盖步绕环，左右相同，盖步、插步、剑划弧斩剑，左右动作均需随步法和上体 360° 转体同时配合连贯相随。

图 7-1-39　　图 7-1-40

图 7-1-41

10. 罗汉斩妖

左脚向左前方上步成马步，右手持剑成手心向上向左腰际横摆，剑身向左前方，左手剑指自然后摆于左体后侧，目视剑前方。（图 7-1-42）右脚在左腿后随上体右转体 180° 向左后方撤步成马步，右手持剑随右转体成仰手，手心向上在头顶做云剑划圆，剑身由左向右划圆一圈后，右手心朝下剑身继续由

左向右，再向左复向右后方与肩同高平剑斩出。左手剑指随转体后成剑指向上，手心向右肩外附于右肩臂前部。目视剑前方。（图 7-1-43、图 7-1-44、图 7-1-45）

要点： 左上步、右撤步、转体、云斩剑、马步，一气呵成，连续完整。

图 7-1-42　　图 7-1-43

图 7-1-44　　图 7-1-45

11. 鲤鱼翻浪

上体稍立起，右手持剑做左右剪腕花各一个。（图 7–1–46、图 7–1–47）当剑身与右肩部同高时，左脚向左前方上步，上体右转 180°，随即右脚向左腿后插步，右手持剑，剑身继续由右上向左上、左下落于左腰际前，左手剑指按落于右手腕背部。（图 7–1–48、图 7–1–49）身体由右向左做翻腰，右手持剑继续随身体翻腰向左下、右下、右上划立圆。翻腰 180° 后，右手持剑向右侧做屈腕下点剑，同时左腿屈膝提起。目视右下方。（图 7–1–50、图 7–1–51、图 7–1–52）

要点：上步、翻腰、剑舞花、提膝、点剑，连贯，完整、流畅。

图 7–1–46　　图 7–1–47

图 7–1–48　　图 7–1–49

图 7-1-50　　图 7-1-51

图 7-1-52

12. 怀中抱月

左脚向右腿后插步，右脚随即右撤步，右手持剑下落于右腰际向左前方刺剑。（图 7-1-53、图 7-1-54）左脚向右腿后继续插步，右手持剑由左向左下、右下后方划弧反撩。（图 7-1-55）左脚向

左前方上步，右脚扣于左膝盖后窝后，右手持剑由右下方向左下撩剑时，右脚后撤成右横裆步，右手剑继续向左上方崩剑，两手合于左腰际，目视剑前方。（图 7–1–56、图 7–1–57、图 7–1–58）

要点：撤步、上步和剑法需同步，身、剑相合。

图 7–1–53　　图 7–1–54

图 7–1–55　　图 7–1–56

图 7-1-57　　图 7-1-58

13. 风摆荷叶

左脚向右腿后插步，右手持剑由左下向右下方反撩，左手剑指摆于随之左上方，目视剑方向。（图 7-1-59）

两脚原地随上体向右翻腰旋转 360°，右手持剑由右下、左下随翻腰向右上、左上划弧。（图 7-1-60）

图 7-1-59　　图 7-1-60

当右手剑与面部同高时，右手翻腕做左右剪腕花各一次。随即右脚前上步屈膝半蹲，左脚扣于右膝盖后窝。右手持剑向右前下方屈腕下点剑。目视右剑前方。（图 7-1-61、图 7-1-62、图 7-1-63、图 7-1-64、图 7-1-65）

要点：撤步、撩剑、翻腰、带剑、上步、剪腕花、扣腿、点剑，一气呵成。

图 7-1-61　　图 7-1-62

图 7-1-63

图 7-1-64

图 7-1-65

第二段

14. *左右逢源*

左脚左后撤步复上步，上体转体 90°。右手持剑在身体左侧做左挂剑。（图 7-1-66、图 7-1-67、图 7-1-68）

右脚上步，右手持剑在身体右侧做右挂剑。（图 7-1-69、图 7-1-70、图 7-1-71）

图 7-1-66　　图 7-1-67

图 7-1-68

图 7-1-69

图 7-1-70

图 7-1-71

左脚上步，接着右脚再向左前方上步在身体左侧挂剑，随之上体做 360° 左翻腰、左挂剑抡臂动作。右手持剑随翻腰顺带至

头上方、剑身向右身下，左手后置身体左侧下方。（图 7–1–72、图 7–1–73、图 7–1–74、图 7–1–75）

要点：上步、挂剑、翻腰、抡臂，连贯完整，一气呵成。

图 7–1–72　　图 7–1–73

图 7–1–74　　图 7–1–75

15. 腾云驾雾

左脚上步，右脚上步。左脚再上步，右脚向上腾空摆起，左脚随之蹬地腾空，两脚均离地腾空，两腿在身体前屈膝收腿，同时右手持剑随身体腾空做左右剪腕花各一个。目视剑前方。（图 7–1–76、图 7–1–77、图 7–1–78、图 7–1–79）

要点：上步、助跳、收腿、剪腕花，连贯完整。

图 7–1–76　　图 7–1–77

图 7–1–78　　图 7–1–79

16. 力劈华山

左脚下落地，右脚随之下落，身体成开步直立。（图 7–1–80）右手持剑由右上、右下向身体前上方撩剑。（图 7–1–81）随即，右脚左前方上步蹬地颠步上跳，身体左转体 360°，右手持剑平肩高向左反刺剑。左腿屈膝上提，左手剑指落于右肩前。（图 7–1–82、图 7–1–83）

要点：撩剑、右上步、转体、颠步跳、腾空反刺剑，一气呵成。

图 7–1–80　图 7–1–81

图 7–1–82　图 7–1–83

17. 潜龙入海

左脚向右腿落地后插步，右手持剑在左上方直臂做左右剪腕花，随即右脚后撤成仆步，右手剑向仆腿方向平斩剑。左手左上方后摆。目视剑前方。（图 7-1-84、图 7-1-85、图 7-1-86、图 7-1-87）

要点：剪腕花、仆腿、斩剑，一气呵成。

图 7-1-84　图 7-1-85

图 7-1-86　图 7-1-87

18. 猿猴出洞

身体稍立起，左腿屈膝半蹲，右脚扣于左膝后窝，右手在身体前倒剑收入腹部。左手剑指合于右手腕内。目视两手腕部。（图 7-1-88）

右脚向右前方上步成右弓步，随即右手持剑向右前方平肩高直刺，左手剑指后摆于左后上方。目视右剑前方。（图 7-1-89）

要点：扣腿、倒剑、上步、直刺，一气呵成。

图 7-1-88　　图 7-1-89

19. 狮子摆头

右手持剑成手心向上，向左平圆划弧。（图 7-1-90）右腿直立，左脚掌在后虚点地。

右手变成手心向前成立剑，随腰微微右拧转体向右回带剑。左手剑指附于右手前小臂内侧。目视左前方。（图 7-1-91）

要点：拧腰、转体、带剑、摆头，连贯完整。

图 7–1–90　　图 7–1–91

20. 走马观花

左脚左前方斜盖步，两腿微微屈膝，右手持剑下落于右腰际后手心朝上向左侧穿剑，随即右脚向左前方盖步，两脚走弧形步，不超过五步。身体走弧形步时微微挺胸后仰，右手随之缓缓向右平带剑。目视剑前方。（图 7–1–92、图 7–1–93、图 7–1–94、图 7–1–95）

要点：弧形步一定走成弧形，两脚上步逐渐加速，一步比一步要快，脚步似轻风徐疾。

图 7–1–92　　图 7–1–93

图 7–1–94　　图 7–1–95

21. 鹰击长空

当上动左脚第五步在前时，右脚向左腿前方跨步腾空跳起，左腿屈膝，左脚向后反撩腿，同时右手持剑随身体空中右拧身90°由左前方向右后上方回身反点剑。目视剑前方。（图 7–1–96、图 7–1–97、图 7–1–98）

要点：跨步、腾空、拧身、回身反点剑，连贯完整。

图 7–1–96　　图 7–1–97

图 7-1-98

22. 喜鹊登枝

两脚分次下落地成开步，两手在体前成自然下落。（图 7-1-99）

右手持剑，手心内旋曲臂上抬，随身体右转体 90° 在头顶做云剑划弧一圈后收落于后背，此时右腿直立，左脚在身后虚点地。左手剑指直臂上架。（图 7-1-100、图 7-1-101、图 7-1-102、图 7-1-103）

图 7-1-99

图 7-1-100

图 7-1-101

图 7-1-102

图 7-1-103

左脚向正前方上半步，上体姿势均不变，右脚猛力向头上方做正踢腿。目视右腿。（图 7-1-104、图 7-1-105）

要点：云背剑、拧腰转体、左上步右正踢腿，连贯完整。正踢腿时，腿过膝高后要加速上踢。

图 7-1-104

图 7-1-105

23. 苏秦背剑

右脚落于右后成开步，右手持剑向体后向右方下打开成内扣剑。左手随即下落左体侧。目视右手。（图 7-1-106、图 7-1-107）

图 7-1-106

图 7-1-107

右手持剑在身体内侧向左下、左上方挂剑，随即左脚向右前方上步，上体右转身 180° ，右手持剑继续向右下、右上方挂剑一圈后，继续向左上、左下、右下、右上方成反撩剑划弧一圈，左腿屈膝微提后落地成左弓步，左手剑指背于后背处，目视剑指右前上方。（图 7–1–108、图 7–1–109、图 7–1–110、图 7–1–111、图 7–1–112、图 7–1–113）

要点：左右挂剑、上步、反撩、弓步，连续完整，一气呵成。

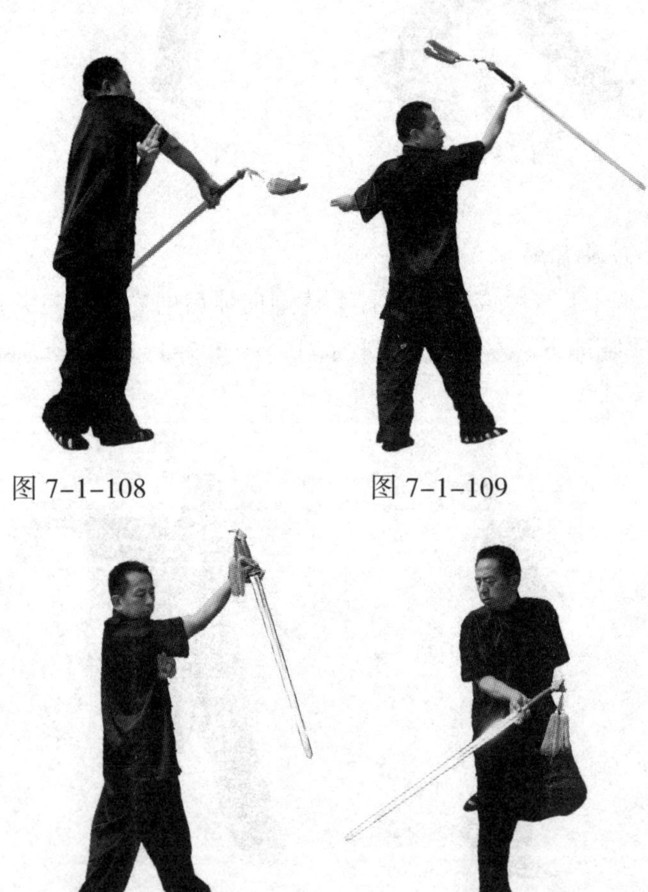

图 7–1–108　　图 7–1–109

图 7–1–110　　图 7–1–111

图 7-1-112　　图 7-1-113

第三段

24. 玉树临风

上体左转体 180°，左腿屈膝半蹲，右手由右向右下随转体向前挂剑反撩剑，右脚收于左脚内侧虚点地。（图 7-1-114）

右脚斜向右前方上步屈膝半蹲，左脚收于右脚内侧，右手持剑在身体左侧挂剑反撩。（图 7-1-115）

左脚斜向左前方上步屈膝半蹲，右脚收于左脚内侧。右手持剑在身体右侧做挂剑反撩。（图 7-1-116）

右脚踏实，左脚在左前方上步，身体立起。右手继续在身体左侧挂剑反撩。（图 7-1-117）

右脚随即随上身左转体 360°，向左后撤步成开步，右手剑继续在身体右侧上方倒剑反撩，高与肩平，手心向后。

左手在左平摆与肩高，左脚随即并于右脚。目视剑前方。（图 7-1-118）

图 7-1-114 　　图 7-1-115

图 7-1-116 　　图 7-1-117

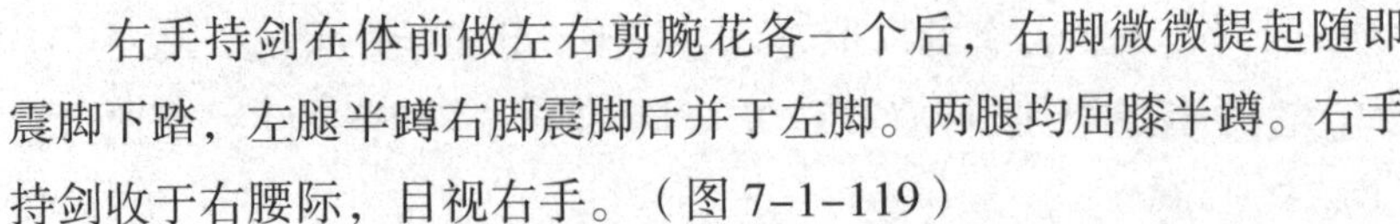

右手持剑在体前做左右剪腕花各一个后，右脚微微提起随即震脚下踏，左腿半蹲右脚震脚后并于左脚。两腿均屈膝半蹲。右手持剑收于右腰际，目视右手。（图 7-1-119）

右腿直立起，控制好身体重心，上身微右侧起前俯，左腿后摆高于腰，脚面绷平成探海姿势，右手持剑成立剑，向右前方刺

剑。左手在身体左侧后摆侧展。目视右剑前方。（图 7–1–120 至图 7–1–128）

要点：连续左右挂剑反撩，随左右上步贴身做弧形左右划立圆，左右上步灵巧，探海平衡需稳健、果断、迅速，保持静止 2 秒姿势。

图 7–1–118　　图 7–1–119

图 7–1–120

图 7–1–121

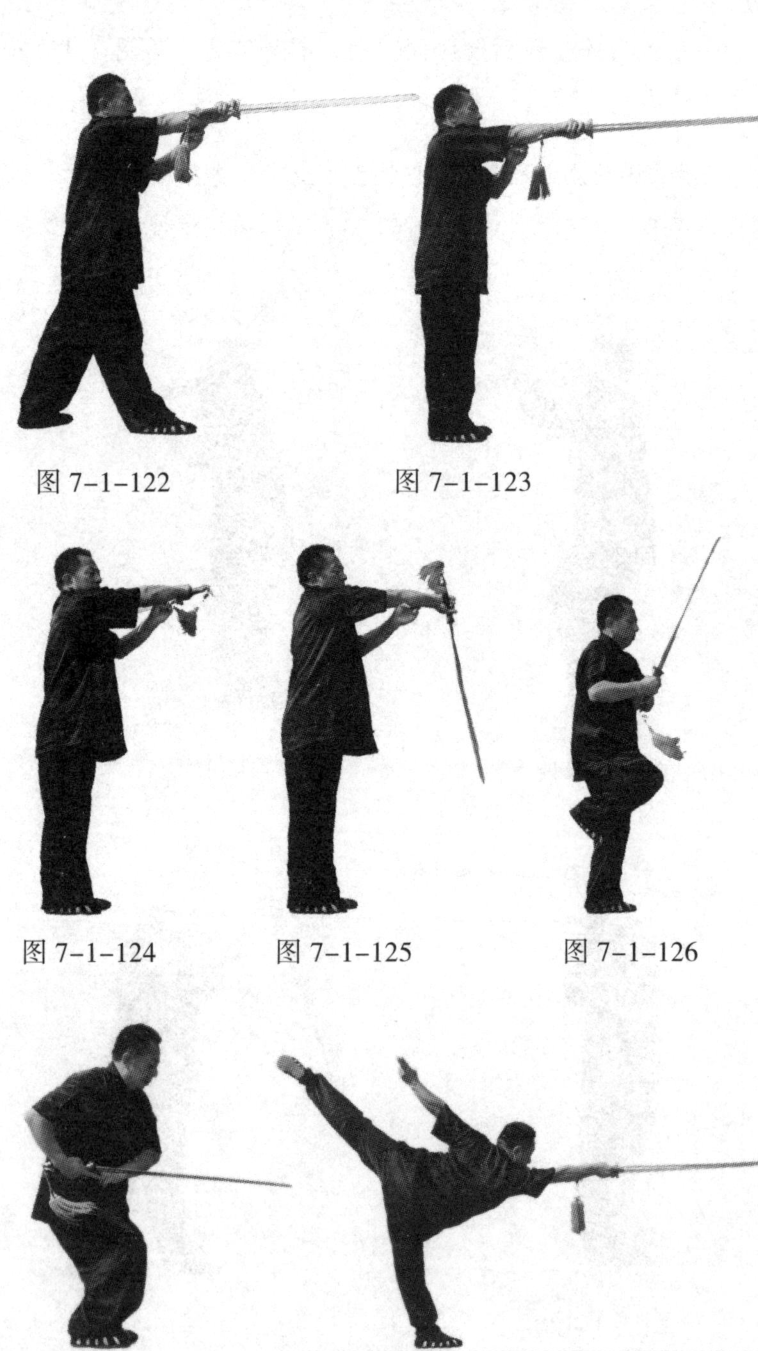

图 7-1-122　图 7-1-123

图 7-1-124　图 7-1-125　图 7-1-126

图 7-1-127　图 7-1-128

25. 虎踞龙盘

左脚后落地成开步，右手持剑成手心向上，向左侧回带剑，左手剑指在身体后摆，两腿屈膝成马步，目视右手。（图 7–1–129）上体右转 180°，左脚向右前方上步。随即右手持剑成内旋手心向头上方抬起，右手随身体再次右转 180° 时，在头顶做云剑一圈后成手心向下，右腿屈膝半蹲，左腿盘于右膝上，同时右手持剑向右随右转体平斩剑，高与腰平。左手和右手成一直线侧展于身体左侧。目视剑前方。（图 7–1–130、图 7–1–131、图 7–1–132）

图 7–1–129　图 7–1–130

图 7–1–131　图 7–1–132

要点： 左上步、转体、云剑、右转身、盘腿、平斩剑，连续完整，一气呵成。

26. 美人照镜

左脚左后落步，右脚插于左腿后成虚步点地。

同时上体拧身左转 90°，左手由右上方向右下，随左转身向左下、左上方划弧，手心向体外侧展于身体左上方，右手持剑随左右落步、插步时收于右腰际后手心向上向左前方平剑直刺，高与肩平。目视右剑前方。（图 7–1–133）

右脚向身体正前方上步半蹲。两手在身体前面左右分开划弧各自收于左右的腰际，左脚扣于右膝后窝。目视右后方。左脚在体前落地成左虚步，右手持剑向身体正前方崩剑成立剑，右手心向内，左手剑指贴于右手腕部内侧，目视正前方。（图 7–1–134）

要点： 撤步、回身刺剑、上步、两手侧展、屈膝扣腿、虚步绷剑，连续完整，一气呵成。

图 7–1–133

图 7–1–134

27. 金鸡抖翎

右脚后撤步，随即左脚向右腿后插步，如此右脚退步左脚插步 2 次，同时右手持剑在身体右侧面，连续由右腰际向右上、左上、左下、右下划弧反撩剑 2 圈，左手剑指亦随之同向交叉划弧，唯右手持剑，前领走之，左手随之。（图 7–1–135、图 7–1–136）

仅撩剑 2 圈后，此时是右手持剑反撩停于右侧后下方，左脚插步于右腿后虚点地。目视右后方。（图 7–1–137）

要点：插步、划弧反撩剑，均需身手相合，连贯完整。

图 7–1–135　　图 7–1–136

图 7–1–137

28. 仙女散花

左脚向左斜后方上步。

右手持剑内旋翻腕成手心向上，随即右脚向左前方上步。

两脚成弧形共走行步五步。

右手持剑以腕为轴持剑使剑尖由内而外逆时针绕小圈 5 个。

身体亦随之弧形走步，转成面向正东方向开步。（图 7–1–138、图 7–1–139、图 7–1–140、图 7–1–141、图 7–1–142、图 7–1–143）

要点：弧形走步轻盈，一步比一步加速。身法随走步而灵动，不可僵硬。右手持剑内旋，剑尖划圈须小，不可过大。

图 7–1–138　图 7–1–139

图 7–1–140　图 7–1–141

图 7-1-142　　图 7-1-143

29. 风卷残云

右手持剑向左侧成仰手平摆。

随即右脚由后向左撤步，上体随之右转体 360°，右手持剑上抬手心向上在头顶云剑一圈。

左脚向右腿后插步虚点地，右手云剑后变成手心向下随即随转体向右后下方平斩剑。目视右后方。（图 7-1-144、图 7-1-145）

左脚向左前方上步，右脚随 90° 左转体向左前方上步。

左脚继续向左撤步，上体左转体 360°，右脚插步于左腿后成虚步点地，右手持剑成手心向下在头顶云剑一圈后变成手心向上，向左前方成仰手平斩剑，高与肩平。左手剑指附于右腕内侧。

此时，身体面向正西方，剑指向正南方，目视剑前方。（图 7-1-146、图 7-1-147、图 7-1-148、图 7-1-149）

要点： *左右云斩剑随左右撤步、转体，连贯完整，一气呵成。*

图 7-1-144　图 7-1-145

图 7-1-146　图 7-1-147

图 7-1-148　图 7-1-149

30. 凌波仙子

上体右转 90° ，右脚向身体正前方上步虚点地成虚步。同时两手相合，右手持剑向左下随右转身向正前方撩剑手心内旋朝体外，剑身垂直向下，目视正前方。（图 7-1-150）

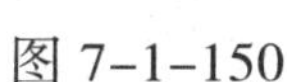

图 7-1-150　　图 7-1-151

右脚向左脚前盖步，左脚复向右脚前交叉盖步，如此左右交叉数个盖步，同时双手相合于体前，右手持剑随右、左盖步时连续做左右剪腕花 3 次，随即左膝半蹲，右脚向体前虚点地成右虚步，右手持剑随最后剪腕花之右后向左上方、左下方成立剑点剑。左手后摆于身体左后上方。（图 7-1-151、图 7-1-152、图 7-1-153、图 7-1-154、图 7-1-155）

要点: 转身、右上步、左虚步、弧形撩剑，连贯完整，脚步轻盈，左右交叉盖步，上下相随，身手相合。

图 7-1-152　　图 7-1-153

图 7-1-154

图 7-1-155

第四段

31. 反弹琵琶

右手持剑倒剑反旋随右脚后撤步做左右剪腕花后，顺左上、左下、右下、右上方成反撩剑，左腿屈膝成左弓步，左手剑指背于后背。目视右剑方向。（图 7-1-156、图 7-1-157、图 7-1-158、图 7-1-159、图 7-1-160）

图 7–1–156　　图 7–1–157

图 7–1–158　　图 7–1–159

右脚收于左膝后窝相扣，右手持剑在身体前面倒剑，左手合于右手腕部。（图 7–1–161）

右脚复向右前方落步成右弓步，右手持剑由右腰际向右前方成立剑前刺，左手后摆于身体左侧后上方，目视右剑前方。（图 7–1–162）

要点：退步、剪腕花，扣腿、倒剑，弓步、刺剑，连贯完整，干净利落，一气呵成。

图 7–1–160

图 7–1–161　　图 7–1–162

32. 蛟龙戏水

身体重心后移于左腿上，右手手心向上持剑随右脚右后撤步向左平肩高回带剑。（图 7–1–163）

左脚向右后撤步时，右脚继续右后撤步，右手持剑变手心向下向右平肩高处带剑。（图 7–1–164）

如此，两脚交替重复2次，右手持剑左右带剑。

当剑停于右侧时，左脚左后撤步直立，右腿屈膝提起，右手持剑手腕内旋，剑尖在右下方向外划弧绞剑一圈。

右手屈臂抱于左肩前，左手剑指附于右手腕部内侧，目视右剑下方。（图7-1-165）

要点：左右退步、左右回抹带剑，连续完整。左抹右手持剑是手心向上，向右抹带剑是手心向下，阴阳交替。左撤步、右提膝、绞剑，完整连续，身法随左右撤步而灵动，不可僵硬。动作一气呵成。

图7-1-163　　图7-1-164

图 7-1-165

33. 童子坐莲

左腿屈膝下蹲，右脚后落于左膝盖后成右歇步，右手持剑下落于右腰际，随成歇步时成手心向上成仰剑向身体前面平刺，左手后摆于身体左侧后上方。目视右剑前方。（图 7-1-166）

要点：歇步、刺剑同时完成。

图 7-1-166

34. 哪吒探海

右脚右后撤步，身体立起成开步，身体右转 90°，随即右手随右撤步时持剑由左向右下划弧斩剑。（图 7-1-167）

重心移于右腿上，右腿直立，左腿屈膝提起，右手持剑以腕为轴继续由右下、手心向上向翻腕向左上、复翻腕成手心向下向左下、右下方划弧截剑。左手在身体左侧上方侧展与右手臂成一线，目视右剑下方。（图 7-1-168、图 7-1-169）

要点：右撤步、剑划弧、左提膝、划弧下截剑，完整连贯。

图 7-1-167

图 7-1-168　　图 7-1-169

35. 野马闯槽

左脚后落于身体右脚后面，上体左转 90° 。

随即右脚后撤、左脚亦随之后撤步，此时右手持剑由右下向右上随 90 度左转身在体前做左右剪腕花一次后收于右腰际，剑尖斜向身体正前方上方，

左手剑指由左腰际向体前刺指、手心朝右。目视正前方。（图 7-1-170、图 7-1-171、图 7-1-172、图 7-1-173）

图 7-1-170　　图 7-1-171

图 7-1-172　　图 7-1-173

左脚外旋前上步，左剑指变掌，以左脚为轴，脚掌外旋时上体向左转体 360 度，同时右脚随转体里合腿，当右脚高于头部时左掌拍击右脚掌内侧击响，随即右脚下落成左弓步，右手持剑由右腰际向身体正前下方成立剑直刺，左手复变剑指后摆于身体左侧后上方，与右手成一线。目视右剑前方。（图 7–1–174、图 7–1–175、图 7–1–176、图 7–1–177）

要点：连续左右撤步、剪腕花，上步、转体、里合腿、击响、弓步下刺一气呵成，连续完整。

图 7–1–174　图 7–1–175

图 7–1–176　图 7–1–177

36. 摘星换斗

右脚向左前方上步，上体左转 360° 左脚右向后撤步，右腿微屈膝半蹲，左腿斜虚落地，上体后仰倾斜，身体重心在右腿上。同时，右手持剑由右腰际随转体 360° 后，向身体前上方成手心向上仰剑平斩，左手剑指合于右手腕部内侧。目视右剑前上方。（图 7–1–178、图 7–1–179、图 7–1–180、图 7–1–181）

要点：上步、撤步，转体斩剑，连贯完整，一气呵成。

图 7–1–178　　图 7–1–179

图 7–1–180　　图 7–1–181

37. 举火烧天

左脚回撤步，右脚随即右后撤步，左腿屈膝半弓，

右手持剑向左下、右后下下摆反撩剑。（图 7–1–182）

两腿屈膝成马步，右手持剑以腕为轴尖由右下向左下、左上、右上、右下抡臂收于右腰际，左手剑指随左手直臂贴左耳根上直刺。（图 7–1–183）

图 7–1–182　　图 7–1–183

身体立起，重心落于右脚上，右手持剑、右手直臂贴右耳根上刺。

左手剑指下按成手心朝下手指向右落于左腰际。左脚收于右脚内侧成丁字步，目视左侧前方。（图 7–1–184）

要点： 撤步、抡臂，右上刺剑、左下按指、丁字步，连续完整。

图 7–1–184

38. 镇守山门

左脚身后左撤步，上体左后转体 360°，右手持剑成手心向下随转体前上步上抬至头上方云剑一圈后成手心朝上，两腿开步左右脚掌随转体而转动，左手在身体左后摆后合于右腕附近，目视头上方。（图 7-1-185、图 7-1-186）

图 7-1-185　　　图 7-1-186

左手剑指变掌上举在头上方接住剑柄，右腿屈膝半蹲，两手随右半蹲之际分别向左右下方划弧后摆。目视右后方。

左脚提起在身体左侧前方落地成左虚步，同时两手合抱于身体左前方圆撑。

左手持剑在内手心朝体外，右手剑指落于左手腕内手心向体外。同时随左虚步时，头部左正平摆回头，目视左前方。（图 7-1-187、图 7-1-188、图 7-1-189）

要点：左右撤上步、转体、云剑，连续完整，屈膝半蹲、双手下划弧，左虚步、双手圆撑合抱、头左摆，一气呵成。

图 7-1-187　　图 7-1-188　　图 7-1-189

39. 收势

左脚体后撤半步，右脚身后撤一大步成左弓步。左手持剑后摆于背部后下，右手剑指下摆于右后下方。（图 7-1-190）

两腿屈膝半蹲成马步，右手由右下向左下、左上、右上抡臂后直臂下落收于右腰际，左手持剑随之由身后、左下直臂齐左耳根上举摆于头上方。目视右手。（图 7-1-191）

图 7-1-190　　图 7-1-191

身体立起，重心落于右腿上，右手剑指由右腰际直臂贴右耳上刺指，手心向左。左手持剑下落于左腰际，手心朝内，剑身斜向左后下方。左脚收于右脚内侧成丁字步，头随之左摆，目视左前方。（图 7-1-192）

左脚向正前方上步，右脚随之并拢。双手随上体左转 90° 自然下落垂于身体两侧。（图 7-1-193）

左脚向正前方上步，右脚随即上步与之并步。两手从腰际合抱于身体正前方，左手持剑在内、右手剑指在外、手心均朝体外，目视正前方，行抱剑礼。

左脚后撤步、右脚随之后撤与之并步，左手持剑剑身朝上、双手自然回落于身体两侧，目视正前方。

要点：左右撤步、右抡臂成立圆、左右手随马步半蹲成对拉劲左右刺按，连续完整。左右上步行抱剑礼，目光祥和、谦逊、坚定、正义、明亮。收势退步自然、大方，上身挺拔、气定神闲、精神饱满。

图 7-1-192

图 7-1-193

第二节　武当太乙剑

扫码看蒋剑老师视频教你太极·武当太乙剑要诀，快速掌握动作技巧

这套剑法相传为太乙真人所创。基本是道人生活、防身和法事中感悟的产物。

身如游龙赶日月，倚马问路转乾坤
回头望月翻江海，古树盘根敬寿星
老君炼丹云踏浪，野马担枪一气成

全套功共 14 式子，动作简单，演练时要完整连贯，混元一气，剑身合体，身法如游龙戏水，又有快慢相间，变化多端，内外相合。

一、无极起式

练习者左手反持剑，背北面南直立。（图 7–2–1）左脚于左侧开步，脚趾抓地，呼吸自然，神态安详，心态平和，摒弃杂念。（图 7–2–2）

图 7–2–1

图 7–2–2

二、旋转乾坤

无极生太极。双腿屈膝半蹲，气沉丹田。同时，两手缓缓在体前同肩宽距离平起，手心均向下，目视正前方。（图 7–2–3）

两手相合于体前成十字手。（图 7–2–4）

身体姿势不变，两手下落左右分开与肩平，双手心向下，目视左侧前方。（图 7–2–5、图 7–2–6）

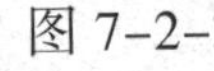

图 7–2–3　　图 7–2–4　　图 7–2–5

图 7–2–6

两手臂内旋，成环抱撑劲。（图 7–2–7）

双臂外旋，保持合抱圆撑，以腰为轴，上身由左向右转腰。大腿和小腿及脚均不得移动和变形。（图 7–2–8、图 7–2–9）

两手臂外旋，以腰为轴，向左转腰。（图 7–2–10、图 7–2–11、图 7–2–12）

如此，一左一右为一次，重复 3 次。（图 7–2–13）

图 7–2–7

图 7–2–8

图 7–2–9

图 7–2–10

图 7–2–11

图 7–2–12

图 7–2–13

要点：心为首，意为先，以意引气，气贯手臂。以腰为轴，形成于四肢，有利于活动身体中盘增强腰部的灵活性，活气畅血，常转腰对于保护和预防腰部损伤很有好处。

三、倚马问路

当上体向身体右边第三次转腰时，左手臂屈肘，剑身斜向左下，右手接住剑柄把手，目视左下方。（图 7–2–14）

右脚接着右后撤步，随即左脚后撤步，两腿屈膝，成川字马步，右手持剑下落于右腰际成立剑，随右左撤步由右下前方刺剑，左手成剑指后摆于头左上后方。目视剑刺的前下方。（图 7–2–15）

图 7–2–14

图 7–2–15

要点：转腰、接剑，剑由右腰随脚的撤步，一气呵成。步法灵动，动作不得僵硬、死板。精神贯注，气势非凡。

四、凤凰点头

右手剑指由右向右下、左下、左后划弧前引领，身体左转腰180°，同时右手持剑外旋成手心向上成平剑，以腰为轴带领右手向左前方带剑平斩，高与胸平，目视剑前方。（图 7–2–16、图 7–2–17）

身体微右转腰时成川字半马步，左手由左上随右手仰剑回收于下腹前时下落附于右手腕部，接着左手剑指沿着剑面做洗剑动作，目视左手剑指。（图 7–2–18、图 7–2–19）

图 7–2–16

图 7–2–17

图 7–2–18　　　　图 7–2–19

左手剑指继续向左上方划弧上摆，身体随之立起左转腰成左弓步，右手持剑由右腰际成立剑直刺。目视前方。（图 7–2–20）

左脚向右腿后撤步插步成脚掌着地，右手持剑外旋翻腕从左上随撤步右转腰回身下劈剑，左手剑指上摆于头左上方，目视剑下方。（图 7–2–21）

图 7–2–20　　　　图 7–2–21

要点：以腰为轴，气贯剑身。带、洗、上步刺剑、撤步劈剑，完整流畅。

五、玉带缠腰

左脚向左侧上步成川字马步，左手剑指下落于右肩前，右手剑外旋成平剑，手心向上。（图 7-2-22）左手剑指前引，由右下随上体左转腰向左上划弧。（图 7-2-23）右手持剑随之以腰带剑向左侧平斩，于左腰际右手翻转成手心向下，剑身向左后。（图 7-2-24、图 7-2-25）

图 7-2-22　　图 7-2-23

图 7-2-24　　图 7-2-25

右脚盖上步，脚尖外撇朝前，左手剑指于左腰际和右手相合贴于右手腕部并随上体右转腰时，右手持剑屈架于头右侧上方，剑身向下，目视左前方。（图 7-2-26）

左脚前上步，左手剑指向左下划弧后屈肘收于右肩前。右手持剑随右脚并于左脚，双腿微曲时，从左肘底下向左侧下平刺剑。目视剑下方。（图 7-2-27、图 7-2-28）

图 7-2-26　　图 7-2-27

图 7-2-28

右脚后撤一步，身体右转直立成开步，右手持剑外旋手臂屈架于头上，左手剑指收于右手腕内侧，目视剑指。（图 7–2–29）右腿独立，左腿屈膝提起，右手持剑向左下转腰屈腕下点剑。目视点剑左下方。（图 7–2–30）

图 7–2–29

图 7–2–30

要点：带剑、转腰、上步、平刺，连续完整。

六、追风赶日

左脚左前下落，脚尖勾起，两手相合右手持剑，随左转腰从右下向向前撩剑。（图 7-2-31）不停，右手持剑继续在身体左侧划弧，随右脚上步做左撩剑，当撩剑至体前时，左脚勾起前上步，目视前方。（图 7-2-32、图 7-2-33）

两脚踏实，身体开步直立。右手外旋翻腕剑尖朝上。（图 7-2-34）

图 7-2-31　图 7-2-32　图 7-2-33

图 7-2-34　图 7-2-35

身体重心移至左脚上，右脚前上摩擦步，同时右手持剑在体前做剪腕花左右各一个后，右脚后撤步时左脚随之后撤步反撩剑。（图 7–2–35、图 7–2–36）

左脚前上步，右脚随之扣于左膝后窝，右手心向下持剑在头顶云剑一圈。（图 7–2–37、图 7–2–38）

不停，右脚前上步落地成弓步，右手持剑从体后向前平斩剑，右手手心向上。左手剑指后摆于体后上方。目视剑前方。（图 7–2–39）

图 7–2–36

图 7–2–37

图 7–2–38

图 7-2-39

要点：上步、云剑、扣腿、斩剑，连贯完整，一气呵成。

七、回头望月

身体左转，右手内旋成手心反向上，左手剑指后摆于体后背。（图 7-2-40）

图 7-2-40　　图 7-2-41

随之，右手持剑做左右剪腕花，左右各一个，当做右腕花时，身体右转 180° ，同时左脚向右前上步，两腿屈膝成川字马步，左右手相合，手持剑继续向左下点剑，左手剑指附贴于右手腕部。目视点剑的左下方。（图 7–2–41、图 7–2–42、图 7–2–43）

右手持剑体前手臂外旋成手心向上。（图 7–2–44）

右手持剑向头上抬起，姿势不变。上体立起右转。（图 7–2–45）

上体继续右转体，右脚向左腿后撤一步，左脚随之于右腿后插步，同时右手持剑随右转体在头顶云剑一圈后，右手持剑，手心向下，并向右侧平肩高斩剑，目视斩剑右后方。（图 7–2–46、图 7–2–47）

图 7–2–42　图 7–2–43

图 7–2–44　图 7–2–45

图 7-2-46　　图 7-2-47

要点：撤步、转体、插步、云剑、斩剑，一气呵成。

八、翻江倒海

左脚勾起向左前上步，右手持剑外旋成立剑，左手剑指落于右肩前，目视剑后方。（图 7-2-48）

左手剑指由右下向左下、左上划弧前引手。（图 7-2-49）

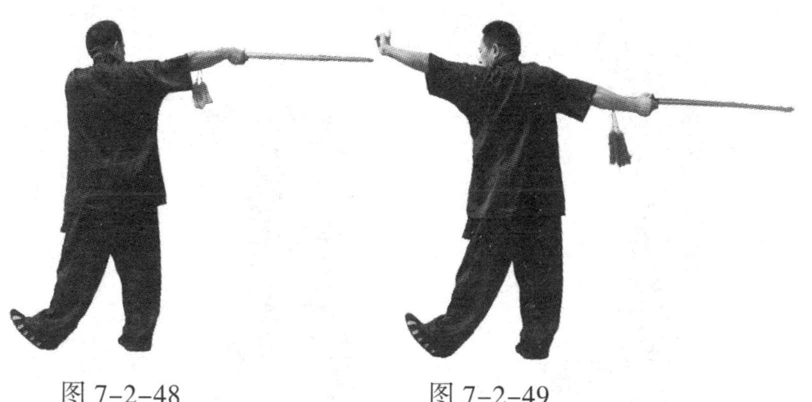

图 7-2-48　　图 7-2-49

右脚勾起向左脚前上步，上体微左转，右手持剑由右下向体前下撩剑，目视剑前方。（图 7–2–50）

右脚前上步，右手持剑继续在身体左侧撩剑。（图 7–2–51）

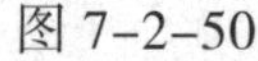

图 7–2–50

图 7–2–51

上体右后转身，右手持剑在体前正方做倒剑花后，随右脚后撤成开步，右后转体 360° 下撩剑，左手剑指摆于头左上方。目视剑前方。（图 7–2–52、图 7–2–53、图 7–2–54、图 7–2–55）

图 7–2–52

图 7–2–53

图 7–2–54　　图 7–2–55

右手持剑在体前做左右剪腕花各一个，然后收于右腰际，左手剑指向体前正前方刺点。

右脚前上步，右手随左步并拢于右脚时持剑成立剑直刺。左手回落于右肩前，目视身体刺剑的正前方。（图 7–2–56、图 7–2–57、图 7–2–58、图 7–2–59）

要点：上步、左右撩剑、右转体、倒剑花、撤步、上步、剪腕花、刺指、并步、刺剑，连续完整。

图 7–2–56　　图 7–2–57

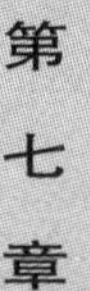

图 7–2–58　　图 7–2–59

九、古树盘根

左脚前上步，两腿屈膝成川字马步，右手持剑，手臂内旋成手心向上，平剑。目视左后方。（图 7–2–60）

右手持剑屈臂上抬高于头部，上体立起右转腰 360° 时，右脚向左腿后撤步成马步，转体转腰的同时，右手在头上方手心向上先云剑一圈成手心向下，右手持剑藏于左肋处。左手屈腕直臂贴左耳根上架，目视右侧前方。（图 7–2–61、图 7–2–62、图 7–2–63、图 7–2–64）

图 7–2–60

图 7–2–61

左脚在右腿后插步，双腿下蹲成歇步，同时右手持剑成手心向下，剑向右下平行地面斩剑。目视斩剑下方。（图 7–2–65）

要点：上步、转腰、云剑、歇步、下斩剑，连贯迅猛，一气呵成。

图 7–2–62　图 7–2–63

图 7–2–64　图 7–2–65

十、麻姑献果

上体立起，右脚后撤步。右手持剑成手心向上，随右退步左转腰，向左腰际带剑平斩后手心向下，同时左手由右下划弧于左下、左上方，目随剑走。（图 7-2-66、图 7-2-67）

随上体右转腰，右手持剑带剑于右侧。（图 7-2-68）

上体微左转成左弓步，两手臂成圆撑状。（图 7-2-69）

图 7-2-66　　图 7-2-67

图 7-2-68　　图 7-2-69

两手下落于下腹下，右腿半屈膝，重心在右脚，左腿虚点地面。（图 7–2–70）

右腿直立，左腿屈膝上提顶膝，两手外旋成手心向上，在胸前捧剑，目视剑上方。（图 7–2–71）

要点：以腰为轴，左右带剑，圆润流畅。分剑、捧剑、独立，协调、连续，一气呵成。

图 7–2–70　　图 7–2–71

十一、浪子拾柴

左脚后撤步，接着右脚后撤步，左脚再继续撤步，右手持剑顺势向身体右侧后下方下划剑，目视剑下方。（图 7–2–72）

左脚前上步后，右脚于左腿后插步，同时右手持剑做屈腕倒剑，目视剑前方。（图 7–2–73）

身体蹲下成歇步，右手手心向上，持剑落于腹下后成平剑直刺。剑身不得触地。目视剑前方。（图 7–2–74）

要点：连续撤步、上步、插步、歇步和划剑、倒剑、歇步、平刺剑，连续完整，步法变换快速，身法灵活，一气呵成。

图 7–2–72　　图 7–2–73

图 7–2–74

十二、老君炼丹

左脚后撤步，右手持剑随右脚上步，上体左转腰时，手心向上由右下、向体前带剑，左脚前上步时，右手持剑再向左腰际划剑后翻腕内旋成手心向下。

如此重复三次左右转腰、交叉行步、带剑。（图 7–2–75 至图 7–2–84）

左手剑指合于右手腕部，右手持剑，随左转体左腿直立、右腿扣左膝后窝时，持剑向体前撩剑。（图 7–2–85）

右手持剑在身体左侧向左上、左下、身体前下反撩剑，右脚前落地成右弓步。目视剑下方。（图 7–2–86）

要点：左右交叉行步以腰带剑，步法轻盈稳健，身法如老君扇子扇炉、风摆杨柳，扣腿、上步、左右撩剑，连贯完整，动作均外柔内刚。

图 7–2–75　图 7–2–76

图 7–2–77　图 7–2–78

图 7-2-79　　图 7-2-80

图 7-2-81　　图 7-2-82

图 7-2-83　　图 7-2-84

图 7–2–85　　图 7–2–86

十三、云里担枪

身体直立，右手持剑在体前做左右剪腕花剑各一个后，右脚向左脚前上步，左脚随上体屈膝半蹲成丁步，同时右手持剑剪腕花后自上向下屈腕上提点剑。

左手剑指后摆于头左侧上方，左右手臂成一线，目视点剑前方。（图 7–2–87、图 7–2–88）

要点： 剪腕花、上步、屈膝丁步、点剑，连续完整，一气呵成。

图 7–2–87　　图 7–2–88

十四、混元归一

左脚后撤，上体左转体 360° ，右手持剑在头顶云剑后左手接剑直臂前伸，右手变剑指落于左大臂上，右脚上步，双腿屈膝成马步。两手下落，左脚并于右脚，收势。（图 7–2–89、图 7–2–90、图 7–2–91、图 7–2–92）

要点： 气沉丹田，合太极一气。

图 7–2–89

图 7–2–90

图 7–2–91

图 7–2–92

扫码看蒋剑老师视频教你太极·武当秘传太极拳要诀，快速掌握动作技巧

蛇雀相争太极神韵 行云流水轻灵飘逸

武当秘传太极拳

太极拳，是一门高深的武学。

天下太极出武当。

要学好武当太极拳法，必须精通易理，精通拳理，两者悟透后，再专心致志方可登堂入室，尽得其妙。

武当太极拳，似柔实刚，柔如游丝，粘住对手他就休想逃脱；它也刚如铁石，可以断木开石，使对手不死即伤。纵观天下拳术，此乃武学之上乘功夫。

这套武当太极拳法，一直在武当道门内秘密流传。过去非武当门内嫡传弟子，师父是不教的，也不会演示给你看。

第一节　武当秘传太极拳渊源

太极本 13 法，八法五步是为真。该拳始创于张三丰真人，后经道门中的高手王宗岳、张松溪、黄百家、徐本善等先贤大德们的丰富完善，形成较为原始、古朴的本味武当太极拳。

武当秘传太极拳是一门高深的武学。要学好该拳法，必须精通易理，精通拳理，两者精通悟透后，再专心致志方可登堂入室、尽得其妙。

武当太极拳，又名长拳。源自老子（李耳），法于亚圣、至唐许宣平、李道子所练之功，名三十七，因三十七式而名之，至宋张三丰（武当丹士）原籍辽东懿州人，名全一，一名通，又名君实，字元元，号三丰，又号昆阳。一传百余年至元世祖时西安人，王宗岳得其传，名闻海内，著有《太极拳论》《太极拳解》《行功心解》《搭手歌》《总势歌》等，温州陈州同从学宗岳，由此太极之术传入温州，又百余年至嘉靖时，则以张松溪为最著……

《王征南墓志铭》有："少林以拳勇名天下，然主于搏人，人亦得以乘之；有所谓内家者，以静制动，犯者应手即仆。故别少林为外家，盖起于宋之张三峰，……三峰之术，百年以后，流传于陕西，而王宗岳为最著，温州陈州同从王宗岳学之，以此教其乡人。由是流传于温州……"

张三丰传王宗岳—张松溪—王荣咸—浙江东支派；

张三丰传王宗岳—河南陈长兴—杨露禅；张三丰传王宗岳—陈长兴—子侄辈。

相对于外家而言，武当派为内家。武当派道家功夫是内家的集中体现，自张三丰祖师开创以来，代有名贤，其精妙入微之丹功武技早已被武术界所推崇，并被广大人民所喜爱。在武当山道教中以“真武玄武派”为核心，而后又分支出若干较有影响的支派，如“龙门派”“自然派”“清微派”“乾坤门”“太乙门”“混元派”等。而传入民间后则分为南北两大派及若干分支。南派以松溪派为正宗，北派以太极门为核心，而通背门也是北派的重要代表。由此以丰富玄妙的体系而形成中国武术一大名宗。

武当派兴起于明代，由张三丰于湖北均县武当山创立，故称武当派、武当道。以供奉真武大帝为主神。其实，武当山在明代以前早已是道教的活动圣地。

汉魏以前就传说有不少羽客、隐士在此隐居修炼，南朝北宋时的刘虬，就解官辟谷于武当，晋太康中有谢道通辞官入道，西上武当于石室中结茅修炼，唐太宗时姚简曾为武当节度，后也隐居武当，五代宋初的陈抟也曾隐居武当，诵《易》于武当五龙观，又隐居武当九室岩服气辟谷二十余年之久，元代有法师叶希真、刘道明、华洞真等任武当提点（即道官），元末，武当山遭兵焚，至明，特别是明成祖朱棣，明英宗朱祁镇崇奉“真武”之神，曾命工部侍郎郭进、隆平侯张信等督丁夫三十余万人，费银计百万，历时七年，大修武当山宫殿，共建成八宫二观及金殿、紫禁城等，并赐名“太和太岳山”。

成祖朱棣还问张三丰："吾欲学道，谁最乐者？"三丰对答："食美嗜，遗通利，极乐事。"后又为成祖疗病，深得成祖信服，于是，张三丰声名大振，武当山由此大兴，并不断发展壮大。

张三丰，辽东懿州人，名全一，又名君宝，号三丰，又号玄玄子，因衣裳褛烂，不修边幅，人称张邋遢。元时曾于河南鹿邑太清宫学道，熟读经书，曾至陕西宝鸡金台观学得养生延命之术，明洪武后又至湖北均县武当山玉虚宫五边树结茅庵修炼，修炼内丹大法，如武当内家拳、内丹睡功、阴阳调息功、筑基功等。

第二节　武当派的特点

武当派最大的特点是：

一、以崇拜“真武大帝”为主神

“真武大帝”即“玄武大帝”，因避讳而改称“玄武”，为北方七宿即斗、牛、女、虚、危、室、壁等七星的合称，以其形似龟蛇，故名“玄武”，其地位崇高而稳定，又为我国古代所崇奉的北方之神，亦为道教所供奉，更为武当派所崇拜。

二、重习三丰武当内家拳技

张三丰内家拳取道家以静制动，融合道教内丹炼养、无为、虚静、柔弱、自然于武术中，形成贵柔尚意的独特风格，实为内丹气功与武术的融合，之后的太极拳、八卦掌、形意拳等均是从武当内家拳演绎发展而成的。

三、主张三教合一

以“道”为三教共同之源，认为道统生天地万物，含阴阳动静之机，具造化玄微之妙，统无极，生太极，是万物的根本、本始和主宰，并强调：儒离此道不成儒，佛离此道不成佛，仙离此道不成仙。

四、重内丹丹法，主张性命双修

强调要修仙道，先全人道，又主张大道以修心炼性为首，认为“未炼还丹先炼性，未修大药且修心，心修自然丹信至，性清自然药材生。”又强调“药”分内外，认为“内药是精，外药是炁，内药养性，外药养命”。而后炼精化炁，炼炁化神，炼神还虚，最终还虚而合仙道。张三丰开创武当派主要丹法著作有《金丹直指》《金丹秘诀》等。

第三节　武当秘传太极拳阐秘

第一式：无极桩（图 8-3-1）

两手下垂于身体两侧，双脚并步自然站立，独立守神，中正安舒，虚领顶劲，呼吸自然，心无杂念，面南背北。

动作要领：在武当太极内功修炼当中，古人练拳很重视南北极子午向，认为练拳的方位很重要，均需做到面南背北、左东右西。有句练拳站位的说法：早不向东，晚不向西。背北面南，永不向北。目的是和自然磁场相合，避免阳光紫外线对人体的伤害，以达到天人合一之神奇。

养生心法：所谓无极乃未开拳之先，无始便是无极。万物皆空，无存无念。调和身心，放松全身，醒神安脑，引气归元。

攻防含义：全身透空，无处不是拳。无招胜有招，千万变化，敌手难测。

图 8-3-1

第二式：抱元守一（图 8-3-2，图 8-3-3）

左脚向左开步与肩同宽，脚掌平行向前。双脚趾抓地，掌心含空。气贯两手臂微微成圆状抱撑。

两手拇指相对成圆状合抱于丹田处成混元诀，男左女右，立身中正，全身放松，气沉丹田。

调整呼吸 3 口。吸气时内气从丹田（肚脐眼下 10cm）缓缓上提至两乳之间的膻中穴，此间下腹为虚上腹为实。呼吸时内气缓缓下沉于丹田处，此间下腹为实上腹为虚。

如此呼吸 3 次，身体内部有上提下沉虚实之变化。

动作要领：身正体松，气顺神凝，全身透空，八面支撑。

养生心法：脚趾抓地，落地生根。掐诀凝神，鼓荡丹田。撑天踏地，正气存身。

攻防含义：开步侧铲体侧敌腿迎面骨，下踏敌脚掌骨趾。手臂和手都是圆，双臂有撑劲，双手也有撑劲，胸中也是圆，圆中抱圆。环环相套，变化万端。

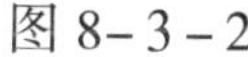

图 8-3-2

图 8-3-3

第三式：开太极（图 8-3-4 至图 8-3-10）

吸气时，两手微如铜钟式有气感后圆撑慢慢伸展，从身体两侧分开，至两臂展平与身体成大字状，手心向下。

呼气，意念双手中指向体侧外无限撑展。放长肢体。

吸气，两手外转至手心向上，慢慢合于头顶，两手心内劳宫穴对头顶百会穴，内气贯顶。

呼气，双手中指相对，节节贯穿，经面前下按，气沉至丹田。

动作要领：意念自己站在悬崖边的高山之上，两手展开时似清风、仙风吹起，很轻、很松、很舒展，分开自上而下划圆，须一气呵成，配合呼吸。下按时气沉丹田，同时意念高山流水自头顶浇灌全身，人体废气、浊气、病气随气下沉而奔地去。意念是个很神奇的东西，意念存想，吐故纳新。

养生心法：伸筋拔骨，气贯黄庭。

攻防含义：手外掤展可击打两侧之敌。下按可防守，有攻有防。

图 8-3-4

图 8-3-5

图 8-3-6

图 8-3-7

图 8-3-8

图 8-3-9

图 8-3-10

第四式：金龟戏水（图 8-3-11至图 8-3-21）

接上动，吸气时两手以腕为轴外展，十指向前。

呼气，松腰屈腿下沉成马步，两手掌心向下按摩大腿、膝盖后，马步半蹲状向前掤起。吸气，两腿直立。随即沉肩垂肘。

呼气，两脚屈膝成马步，身体如金龟戏水下沉，双手下按后缓缓收于丹田处。吸气，双手之间相对合抱，由下腹处按摩至胸上部。

呼气，含胸拔背两手再于胸前掤出，手心朝内，拇指向上，掌心含空。

动作要领：太极有 81 个劲，此动作翻转劲，须周身协调一致，身形中正安舒。

养生心法：身形如龟，龟息长寿。任督通关，升清降浊。

攻防含义：身法如弓，气贯双臂，髋关节以下部位不得移动，掤体前之敌。

图 8-3-11

图 8-3-12

图 8-3-13

图 8-3-14

图 8-3-15

图 8-3-16

图 8-3-17

图 8-3-18

图 8-3-19

图 8-3-20

图 8-3-21

第五式：怀中抱月（图 8-3-22至图 8-3-24）

吸气，马步式，上体随腰右转，左手不变，右手向右腰际划弧收于右肋。

呼吸，随身体左转左手平胸屈臂抱圆掌心向下合于胸前，右手掌心向上，随腰左转收于丹田，两掌心上下相对，如抱球状。

动作要领： 髋关节以下部位不得移动，双手如弓圆撑。以腰带手，圆转中正，切忌低头弯腰。

养生心法： 坎离相交，养心去火。

攻防含义： 抱球状乃太极拳法常见动作，其攻防涵义很隐喻。进步左手可切击敌咽喉，左手内旋可变掤打，左手屈抱成圆，左肘关节可转体击打。同时利用身法转换，进步右手贴进敌下腹，左手切击敌后脑或者抓按、摔击敌方。变化多端，适合贴身近战近摔。

图 8-3-22

图 8-3-23

图 8-3-24

第六式：拨云见日（图 8-3-25 至图 8-3-30）

吸气时，身体重心微右移，左脚掌勾起内扣落地，身体重心移至左脚上，身体接上动右转腰 90°，右脚尖勾起朝上，同时左手臂屈臂内旋成掌心向上，左肘下垂，右手掌心朝上在下腹不变。呼气，右手从左肘部向前上方拨出，左手微微屈肘后收于右手小臂内侧，两手掌心向上，右手在前，高不过眉，左手在后，低不过胸。

吸气，双手掌心向上不变，手下沉按于各自的腰际。不停，开胯上体腰左转，双手由下下划弧后，掌心均向上向身体上部托起。呼气，身体重心随腰右转，右脚落地平踏脚趾抓地。两掌心相对内旋成对挤合，掌心向上，左脚随之跟步。

动作要领：动作变化须自然圆活，上下相随，劲力完整。重心转换，虚实分明。

养生心法：转腰强肾，益寿延年。

攻防含义：左手内旋可砍击或螺旋抓敌手部关节，右手拨托敌手肘部关节，左手内旋沉按与右手形成对合力。双手沉按可防守敌腿进攻，两手对合可拍击敌头部太阳穴，也可接打敌来拳用合力折敌手臂关节。环环相扣，攻防有序。

图 8-3-25

图 8-3-26

图 8-3-27

图 8-3-28

图 8-3-29

图 8-3-30

第七式：陆海奔潮（图 8-3-31至图 8-3-34）

吸气时，退左脚，两手下捋，掌心相对，收于胯根，双手上提，平胸合抱。

呼气，两手臂向体前掤出，右手在上，左手在下，如抱婴儿状，左脚蹬，右脚弓步。

动作要领：下捋时忌低头，弓步时须全身贯力。

养生心法：气运周身，培元固本。

攻防含义：下捋採拿，八面支撑。

图 8-3-31

图 8-3-32

图 8-3-33

图 8-3-34

第八式：怀中抱月（图 8-3-35至图 8-3-37）

吸气，身体重心后移，右脚尖勾起，上体不变。呼气，随腰左转右脚下落转成马步式，不变，右手随身体左转在上平胸，屈臂抱圆掌心向下合于胸前，左手掌心向上，随腰左转收于丹田，两掌心上下相对，如抱球状。

动作要领：双手如弓圆撑。以腰带手，圆转中正，切忌低头弯腰。

养生心法：周身灵动，以腰为轴旋转。坎离相交，养心去火。

攻防含义：进步右手可切击敌咽喉，右手内旋可变掤打，右手屈抱成圆，右肘关节又可转体击打。同时利用身法转换，进步左手贴进敌下腹，右手切击敌后脑或抓、按、摔击敌人。变化多端，适合贴身近战近摔。

图 8-3-35

图 8-3-36

图 8-3-37

第九式：拨云见日（图 8-3-38 至图 8-3-43）

吸气时，身体重心微右移，右脚掌勾起内扣落地，身体重心移至右脚上，身体接上动左转腰 90°，左脚尖勾起朝上，同时右手臂屈臂内旋成掌心向上，右肘下垂，左手掌心朝上在下腹不变。呼气，左手从右肘部向前上方拨出，右手微微屈肘后收于左手小臂内侧，两手掌心向上，左手在前，高不过眉，右手在后，低不过胸。

吸气，双手掌心向上不变，手下沉按于各自的腰际。不停，开胯上体腰右转，双手由下划弧后，掌心均向上向身体上部托起。呼气，身体重心随腰左转，左脚落地平踏脚趾抓地，两掌心相对内旋成对挤合，掌心向上，右脚随之跟步。

动作要领：动作变化须自然圆活，上下相随，劲力完整。重心转换虚实分明，开合相间。

养生心法：转腰强肾，益寿延年。

攻防含义：右手内旋可砍击或螺旋抓敌手部关节，左手拨托敌手肘部关节，右手内旋沉按与左手形成对合力。双手沉按，可防守敌腿进攻，两手对合也可拍击敌头部太阳穴，还可接打敌来拳对合力折敌手臂关节。环环相扣，攻防有序。

图 8-3-38

图 8-3-39

图 8-3-40

图 8-3-41

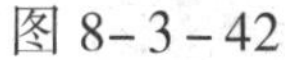

图 8-3-42

图 8-3-43

第十式：陆海奔潮（图 8-3-44至图 8-3-47）

吸气时，退右脚，两手下捋，掌心相对，收于胯根，双手上提平胸合抱。呼气，两手臂向体前掤出，左手在上，右手在下，如抱婴儿状，右脚蹬，左脚弓步。

图 8-3-44

图 8-3-45

动作要领：下捋时忌低头，弓步时须全身贯力。

养生心法：气运周身，培元固本。

攻防含义：掤捋踩拿，八面支撑。

图 8-3-46

图 8-3-47

第十一式：海马吐雾（图 8-3-48至图 8-3-51）

吸气时，身体重心后移至右脚上，左脚尖勾起。以腕为轴，双掌心外旋成掌心向上，开胯微右转腰，两手掌心向上沉肘托举。呼气，合胯，左微转腰，两手合力内旋，左掌在前，右掌在后，合力前推成掌心向前，上体含胸拔背，右脚跟步于左脚后，虚点地面。

动作要领：右旋腰，开胯，手外旋。合胯，左旋腰，合力前推完整一气，转腰灵动。

养生心法：阴阳互济，健脾开胃。

攻防含义：螺旋缠丝，逆拿顺化，含胸拔背，挤按合力，无坚不摧。

图 8-3-48

图 8-3-49

图 8-3-50

图 8-3-51

第十二式：黑虎巡山（左右式）（图 8-3-52 至图 8-3-74）

吸气时，右脚退步，右手旋转成掌心向上沉至丹田处。呼气，双手大捋。

吸气，重心微右移动，左手与右手均掌心向上，重心归中，同时左脚内扣成马步。两臂成圆合抱。呼气，右脚外旋，脚尖向上，右手后撑撩出外旋，上体右转时右脚外旋落地，左手随右转身，左脚尖勾起经右脚向前上步成掌心上托，右掌反转掌心向上。右手拇指靠近左手肘部。

吸气，丹田继续右转，左脚内扣落地，右脚尖勾起，双掌经左耳向前拉出，右脚收于左脚前，双掌下落至丹田。呼气，右脚迈步向前弓出，手心向下，双掌上提经胸前弧形按出。

吸气时左脚掌着地，脚跟微内扣收步，左手旋转成掌心向上沉至丹田处。呼气，双手大捋。

吸气，重心微左移动，右手与左手均掌心向上，重心归中，同时右脚内扣成马步。两臂成圆合抱。呼气，左脚外旋，脚尖向上，左手后撑撩出外旋，上体左转时左脚继续外旋落地，右手随左转身，右脚尖勾起，经左脚向前上步成掌心上托，左掌反转掌心向上。左手拇指靠近右手肘部。

吸气，丹田继续左转，右脚内扣落地，左脚尖勾起，双掌经右耳向前拉出，左脚收于右脚前，双掌下落至丹田。呼气，左脚迈步向前弓出，手心向下，双掌上提经胸前弧形按出。

动作要领：注意步法虚实变化，眼尖、手尖、脚尖相对，上步转换灵巧，周身顺遂。

养生心法：气长劲长，连绵不绝，周身灵动，上下合力，河车搬运，吐纳益肺。

攻防含义：该动作变化很多，有螺旋之力，捋按劲、撩撑劲、托举劲、转合劲、提打劲、推挤劲等。可逆拿顺缠，擒拿反关节、别臂。

图 8-3-52

图 8-3-53

图 8-3-54

图 8-3-55

图 8-3-56

图 8-3-57

图 8-3-58

图 8-3-59

图 8－3－60

图 8－3－61

图 8－3－62

图 8－3－63

图 8-3-64

图 8-3-65

图 8-3-66

图 8-3-67

图 8-3-68

图 8-3-69

图 8-3-70

图 8-3-71

图 8-3-72

图 8-3-73

图 8-3-74

第十三式：十字手（图 8-3-75）

吸气时，右脚跟步于左脚后（左实右虚），左手在前，右手在后成十字手，交叉于胸前。

动作要领：十指向上，含胸拔背。

养生心法：藏风闭气，壮骨蓄力。

攻防含义：双门相合护心，可上下防守，蓄力待发。前后左右发招，变化万端。

图 8-3-75

第十四式：狮子回头（图 8-3-76至图 8-3-80）

呼气，右脚向右斜前右方迈步成马步，双掌掌心向下垂于裆前，分别按摩大腿内侧，滑过膝盖，自然分开。吸气，两手在身体两侧抬起，掌心向前，两臂成山字状，重心后移，上体右转，右脚尖勾起。

呼气，身体重心落至右脚上，右脚屈膝半蹲。左脚经右脚内侧向左侧展开，与肩同宽，下落成马步。同时含胸拔背，两手心朝体前平肩，微微屈肘下沉，合力挤按前推。

动作要领：双掌开合时须以腰带手。重心转换均匀，转腰灵动，内外相合、手脚相合。

养生心法：通筋活络，有利肠胃。

攻防含义：开合沉化，手臂螺旋，拔背含胸，合力挤按。

图 8-3-76

图 8-3-77

图 8-3-77 侧位

图 8-3-78

图 8-3-78（侧位）

图 8-3-79

图 8-3-80

图 8-3-80（侧位）

第十五式：揽雀尾（图 8-3-81至图 8-3-84）

吸气，右脚后退，双手下采，重心落于右脚掌上，左脚尖勾起内扣，右转身时左脚下落，随即重心转移至左脚，右脚尖勾起。呼气，重心前移至右脚，右掌内旋掌心向平胸前，同时左脚移于右脚前成虚步，右手回拦于胸前，左掌心向上拦于裆前。

动作要领：以脚跟为圆点，重心需转换灵动，两手双缠丝，劲须合住。

养生心法：气行海底，涌泉移位。

攻防含义：逆拿顺按，掤撩相合。击上下随人难进，含胸拔背虚实分明。

图 8-3-81

图 8-3-82

图 8-3-83

图 8-3-84

第十六式：推窗望月（图 8-3-85至图8-3-87）

吸气，左手上提，手心朝内拇指向上，随即左脚向左后撤步屈膝，右脚尖勾起，身体重心落于左脚上。双腿成川字马步。右手滑落于左手腕内侧相贴。呼气，右脚内扣落地，重心落于右脚上，左脚尖勾起，左转腰成左弓步时，含胸拔背，左掌环抱随转腰掤出，右掌置于左臂内侧。

动作要领：左脚如猫行，向左侧迈步。身如波浪，向左方靠出。

养生心法：内力潜转，温养三焦。

攻防含义：双手撑圆如弓，转身掤打身后之敌。

图 8-3-85

图 8-3-86

图 8-3-87

第十七式：叶底藏花（图 8-3-88至图8-3-90）

吸气，重心后移于右脚，左脚尖勾起，左手缠丝上架。呼气，左脚踏地，重心前移至左脚，右掌合力推出。右脚跟步成脚前掌点地，左脚为实步右脚是虚步。

动作要领：逢跟必进，双手形成连环劲。

养生心法：命门火动，手脚如弓。

攻防含义：螺旋防守，沉肩垂肘，两手形成弓劲，含胸拔背，掌击迎面之敌中盘。

图 8-3-88

图 8-3-89

图 8-3-90

第十八式：丹凤朝阳（图 8-3-91至图 8-3-93）

吸气，右脚向右后侧撤步，双手心向下。呼气，两手下按于胯旁。吸气，重心后移右脚上，左脚尖勾起。随上体右转腰，双手随之转掌。呼气，右腿屈膝成右弓步，右手经丹田向右上方挑领，左手下沉至左胯根。

动作要领：右肘下垂成立肘，目平视。

养生心法：竖颈立项，平衡阴阳。

攻防含义：左手下按，右手穿裆上挑。右立肘可迎面前靠击打。右手指亦能锁托敌颈部或扣拿敌咽喉、戳击颈部位等。

图 8-3-91

图 8-3-92

图 8-3-93

第十九式：回头望月（图 8-3-94至图 8-3-99）

吸气，双腿屈膝成马步，左转腰时右手成掌心平肩高朝下，左掌随左转腰以左腕根为轴在左胯际外平旋。呼气，上体右转腰，重心落于右脚，左脚向右脚合并成丁字步，同时左手继续随右转腰下撩于裆前。吸气，左手掌心朝体内，圆撑上挑平胸高，右掌心向下抱圆贴靠左手腕内侧。呼气，左脚向左侧迈出，成川字马步，左掌向左侧掤挤后外旋成掌心朝外，高与肩齐。右掌掌心向下按于右胯。

动作要领：川字马步是武当太极独有步法，为不摆不扣之形，双掌有缠丝张弓之意。

养生心法：拧腰坐胯，预防老化。

攻防含义：双手圆撑如弓，裆下一张弓。含胸拔背身上一张弓。虚灵顶劲头上一张弓，重心下沉又是一张弓。全身如弓，八面支撑。蓄劲待发，劲在弦上，暗藏周身。

图 8-3-94

图 8-3-95

图 8-3-96

图 8-3-97

图 8-3-98

图 8-3-99

第二十式：海底捞月（图 8-3-100至图8-3-102）

吸气，双脚不动，重心右移变成横裆半马步，左掌向左上、左下下划弧至右下、右上划弧，右掌内转，两手合于右肩前。

动作要领： 双掌顺逆缠丝时注意阴阳变化，左掌心向上，右掌心向下，腰马合一。

养生心法： 缠丝封闭，强腰益腿。

攻防含义： 劲走圆弧，搂抱敌之下盘。两手合抱成合力，破坏抱敌下盘之重心。

图 8-3-100

图 8-3-101

图 8-3-102

第二十一式：揽扎衣（图 8-3-103）

吸气，重心左移，勾右脚尖，右脚内扣，重心移至右脚上踏落，随左转腰，左脚尖勾起。呼气，左脚随重心转腰下落成左弓步，左掌经面前向左侧挤出，立肘掌尖与眉齐，右掌心向下按落于右胯根。

动作要领：此动作为三节缠丝法，即腰裆劲、胸背劲、手肘劲是也。

养生心法：丹田开合，气行泥丸。

攻防含义：转腰可左肘砸靠打，左掌如刀可下劈打敌面门，左手亦可锁拿敌咽喉，还可进步肘靠。

图 8-3-103

第二十二式：海底神针（图 8-3-104 至图 8-3-106）

吸气，重心后移右脚上，左脚尖勾起右转腰。左手下采向右下、右上划弧至胸前上提圆撑，右掌向右后翻转屈肘至右耳根部。呼气，左转腰时左脚落地重心移至左脚上，左手继续缠丝至右手前下方，

左手收于右肘上侧。右脚外摆向前迈出成虚步，左掌掌心向前旋转下切，右掌内旋回收放于左肩前。

动作要领： 双手拧转下钻，如海中捞针状，头须上顶。

养生心法： 棉里裹针，皮毛通神。

攻防含义： 右手螺旋抓捏敌下身要害，左手化切敌手防守。

图 8-3-104　　图 8-3-105

图 8-3-106

第二十三式：仙人过涧（左右式）（图 8-3-107 至图 8-3-115）

吸气，右脚进半步踏实，左腿屈膝抬起顶膝。

呼气，双掌向前外旋托起，左掌心向上，右掌向下，随后左脚向前蹬出。吸气，左脚屈膝下落进半步，右脚屈膝抬起顶膝。呼气，双掌向前旋外托起，右掌心向上，左掌向下，随后右脚向前蹬出。

动作要领：双手拦拿与腿法须协调一致。

养生心法：提气运力、养肝开目。

攻防含义：螺旋缠拿敌手臂，屈膝顶击来敌胸腹部，腿蹬踢敌中下盘或者上盘。

图 8-3-107

图 8-3-108

图 8-3-109

图 8-3-110

图 8-3-111

图 8-3-112

图 8-3-113

图 8-3-114

图 8-3-115

第二十四式：转身伏虎（图8-3-116至图8-3-118）

吸气，右脚落地内扣屈膝成川字马步，双手自然下垂。双手掌心外旋成掌心朝前。呼气，两手由右下、右上随上体左转，左脚外摆拧转，右掌自右经头上方向左下扑按，左掌在右臂内钻出下扑按。

动作要领：转身须轻灵稳健，左手在左膝前上方，右掌按于腹前，左右手形成矛盾力。

养生心法：吐故纳新，肺火消沉。

攻防含义：扑按抓拿，制敌如扑虎。

图 8-3-116

图 8-3-117

图 8-3-118

第二十五式：玉女献书（图 8-3-119 至图 8-3-120）

吸气，双掌外旋前探。呼气，随右转腰后向上向右托出，高与胸齐。

动作要领：劲如抽丝，拧裹合力。
养生心法：龙虎相交，耳聪健脑。
攻防含义：别肘转腰，顺手牵羊。牵动四两拨千斤。

图 8-3-119

图 8-3-120

第二十六式：叶底摘桃（图 8-3-121 至图 8-3-122）

吸气，腰左转。双手右下弧形下落。

呼气，双掌连环向左前方撩出，左上右下双掌合力，同时上右脚成虚步。

动作要领：身法运转以腰为轴，两掌缠丝松沉圆活。
养生心法：九转还丹，养气补漏。
攻防含义：左掤右撩，击打敌下身要害。

图 8-3-121

图 8-3-122

第二十七式：将军挂印（图 8-3-123 至图 8-3-125）

吸气，抬右腿屈膝成独立步。呼气，右膝上顶，同时右手握拳上冲，拳心向内，左手掌心向下护于裆前。吸气，落右脚，身体重心前移右脚，右拳体前下落贴身从左手臂内划弧，左脚上步虚贴近右脚内侧。呼气，左脚左侧分落地成马步，右拳落于左掌心。

动作要领： 上冲下按之劲形成对立统一之势，落步收拳整体合一。

养生心法： 回光返照，通肾利尿。

攻防含义： 贴身右膝顶击敌胸腹，右手冲天炮上勾击打敌下颌。

图 8-3-123

图 8-3-124

图 8-3-125 侧位

第二十八式：灵官架单鞭（图 8-3-126 至图 8-3-132）

吸气，左脚向左前方迈出脚跟着地，双手外旋由右下至右上，平面部高度向左上前方捌出，复向左下变双採劲，右脚虚落跟进。呼气，双手继续自下向右上合力前挤推。吸气，左腿向左开步落地，右腿屈膝脚尖勾起，双手翻转缠拿，右手变子午钩手。呼气，重心后移右脚上，左脚勾起向左前方外旋落地成弓步，左手经面前划过向前螺旋沉肘推出。右手半握拳拇指内扣沉肘后展。

动作要领：此动作为阴阳连环暗脚的使用法，手法上则有採、推、缠、挤、靠、拿之玄机，举手投足俱要轻灵。

养生心法：五气朝元，去痰生津。

攻防含义：缠拿肘顶，勾封挤撞，暗藏玄机，变化莫测。

图 8-3-126

图 8-3-127

图 8-3-128

图 8-3-129

图 8-3-130

图 8-3-131

图 8-3-132

第二十九式：七星朝斗（图 8-3-133 至图 8-3-136）

吸气，上体右转腰，重心右移成右弓步，左掌向上经面部向右划弧。屈膝成半马步时呼气，转身左弓步，左手落于右腕部，右手子午钩手，屈臂圆撑，盘肘高与肩平，两目向前平视。

图 8-3-133　　图 8-3-134

动作要领：双手形成上下左右的浑圆劲，蓄而待发七星拱月。

养生心法：青龙归位，玉液还丹。

攻防含义：回身右转，左手下劈如刀，右手盘肘似弓。

图 8-3-135　　图 8-3-136

吸气，右腿重心下降成左仆步成马步半蹲（腿功柔性好者可完全成左仆步），双手如游龙戏水落于裆前。呼气，随后左腿弓出成左弓步，双掌自下而上向左上穿出，左手在前与肩高，右手在后与胸齐高落于左肘内侧。

动作要领：仆步变弓步要顺随，双手穿出要立肘松肩，双掌如游龙戏水，前掌尖与鼻尖脚尖三尖相对。形成内外三合之势。

养生心法：腰马协调，心肾平和。

攻防含义：下仆穿敌裆扛摔之意，双手十指如刀。

第三十式：二仙传道（图 8-3-137 至图 8-3-139）

吸气，重心后移右脚上，左脚尖勾起，左掌心朝下，右掌心外旋朝上。呼气，左脚内扣，两腿屈膝成马步，双掌平行运至胸前，右掌心向上。

动作要领： 以腰带手，双手阴阳横挒，周身完整。

养生心法： 活腰活胯，丹田内转，滋润腑脏。

攻防含义： 挒靠引发，托肘制敌。

图 8－3－137　　　　图 8－3－138

图 8－3－139

第三十一式：蛇雀争雄（图 8-3-140 至图 8-3-142）

左掌心向下。吸气，双掌缓缓举过头顶。呼气，两手下落于后脑，在左右耳部下按于胯际。

动作要领：以腰带手，拧转钻翻，将太极拳合抱之力由腰胯传于双掌。

养生心法：手运乾坤，舒肝理气。

攻防含义：按、引，顺手牵羊。

图 8-3-140　　图 8-3-141

图 8-3-142

第三十二式：五龙捧圣（图 8-3-143 至图 8-3-148）

吸气，双手以腕为轴外旋，左转腰。呼气，左手掤打，右手向前撩击。吸气，右腿提起成独立步。右手握拳上冲，拳心向内，左手掌心向下护于裆前。呼气，右脚下落成马步，右手下落腹部于左手臂内外缠，左掌心向上，右手立拳落于左掌心。

动作要领：整个身法、手法如蛇出洞，升降自如，穿拦提放，如履薄冰。

养生心法：升降起落，消除疲劳。

攻防含义：左掤右撩，击打敌下身。贴身右膝顶击敌胸腹，右手冲天炮上勾击打敌下颌。

图 8-3-143

图 8-3-144

图 8-3-145

图 8-3-146

图 8-3-147

图 8-3-148

第三十三式：龙步云手（图 8-3-149 至图 8-3-154）

吸气，重心微微右移于右脚，左脚微撤步。呼气，右脚向左脚后倒插步，左手自右经面前向左云转，右手则随势抱于腹前，左脚同时向左运步成马步，左手向左下运转，右手自左下方经面前向右云手掤出。

如此可做 3~5 个这样的重复动作。

动作要领：手眼身法步同时运动，上下一体，忌棱角之形。

养生心法：云转巧妙，活肩活腰。

攻防含义：左右划弧，暗藏玄机。云手三劲掤捌採，圆活拿化手如弓。

图 8-3-149　　图 8-3-150

图 8-3-151

图 8-3-152

图 8-3-153

图 8-3-154

第三十四式：狮子滚球（图 8-3-155 至图 8-3-157）

吸气，上体右转腰。呼气，右手自左经面前向右下运动，左手向右做扑面掌，腰右转，右手自右后向前转动，左手外缠丝，掌心向上收于腹前，右手掌心向前高过头顶。

动作要领：双手内外缠丝幅度要大，合劲时沉肩垂肘，气吞山河。

养生心法：奇经相通，八脉养精。

攻防含义：连环滚手，撑化掤採。

图 8-3-155

图 8-3-156

图 8-3-157

第三十五式：金蛇缠柳（图8–3–158至图8–3–171）

吸气，右脚内扣，屈膝成马步时双手合抱于体前，掌心向上呼气，向左转身，左脚向左前方脚尖勾起迈步，双手掌心朝上屈肘上托同肩高，身体下沉。吸气，双手自左向右随右转腰双缠丝，左手握拳环抱下落于右腰际，右手按于左腕处，同时左脚跟步回落于右脚后。呼气，双手手法不变，左脚复向左前方上步，右脚跟进落于左脚后，双手自右经腹前向左上方平肩高掤挤。左手握拳环抱，右手按于左手腕处。吸气，双手下落于腹部。呼气，右脚尖勾起前上步，双手掌心向上屈肘上托同肩吸气，身体下沉，双手自右向左随左转腰双缠丝，右手握拳环抱下落于左腰际左手按于右腕处，同时右脚跟步回落于左脚后。呼气，右脚复向右前方上步，左脚跟进落于右脚后，双手自左经腹前向右上方平肩高掤挤。右手握拳环抱，左手按于右手腕处。

图8–3–158　　图8–3–159

动作要领：此动作突出丹田鼓荡，左右缠丝，如长江大海之势，滔滔不绝，又似行云流水须一气合成。

养生心法：练精化气，气清合道。

攻防含义：左右缠拿，进退有序。上下翻转，周身圆撑，劲力通达，按挤採捆。

图 8-3-160

图 8-3-161

图 8-3-162

图 8-3-163

图 8-3-164

图 8-3-165

图 8-3-166

图 8-3-167

图 8-3-168

图 8-3-169

图 8-3-170

图 8-3-171

第三十六式：合太极（收式）（图 8-3-172 至图 8-3-186）

吸气，左脚后退，续收右脚成马步，两手翻转合抱成混元诀落于丹田。两手从身体两侧分开，至两臂展平与身体成大字状，手心向下。呼气，意念双手中指向体侧外无限撑展。放长肢体。

吸气，两手外转至手心向上，慢慢合于头顶，两手心内劳宫穴对头顶百会穴，内气贯顶。呼气，双手中指相对，节节贯穿经面前下按，气沉至丹田。双手腕为轴外旋复归于两手合抱成混元诀。右脚屈膝合并于左脚。双腿并步直立，复归无极。

动作要领：吐纳安神，道家功夫以养气、行气、炼气、凝神布气为要诀，突出性命双修之法。故收式后将口中津液依次分三口吞下，琼浆玉液练液还丹。且数分钟不可冷饮、冷浴。

养生心法：顶天立地、鹤神龟息。

攻防含义：一始复苏，万法归元。太极归无极，无极生太极。循环反复，始有始无，始无始有。有始有终，亦是无始无终。招法同此道，读者自悟，历经春秋，勤奋习之，自得奇妙。

图 8-3-172

图 8-3-173

图 8-3-174

图 8-3-175

图 8-3-176

图 8-3-177

图 8-3-178

图 8-3-179

图 8-3-180

图 8-3-181

图 8-3-182

图 8-3-183

后　记

少年时，我喜爱武术。原因在于武术很美，它不仅有力量美、速度美、神韵美，还有节奏美、造型美、难度美、变化美，而且也饱含哲学内涵和文化理念，随着我对武术的研究和对文化的理解，我觉得习武也是生活中的另类艺术、另类追求。它牢固地占据了我心头！至今我依旧保持着对它不舍的情愫和眷念！

在我习武的道路上，感恩祖师让我遇到了一个好师父：他知识渊博，琴棋书画无不精晓，太极、形意、八卦无不精通。他的弟子遍及海内外，特别是对武当文化的传播所作出的杰出贡献，让我心生敬仰和由衷的感叹！他论道演武如清风和畅，其思想境界高于云端，功夫出神入化，精通武学、文学、书法和绘画等艺术。他做人平易近人，满身散发着仙风道骨的气派，并用自己踏实的行为，诠释了一个修道人的博大情怀！他几乎把所有的精力和心血，慷慨、无私地献给了武当文化。令人只能仰望和兴叹！他就是当今闻名世界的著名武术大师、武当武术杰出的代表人物、武当玄武派第十四代掌门游玄德道长。

往事如风，转眼我和恩师相识已有 27 年整。

27 年来，无论是在武当山，还是在北京、武汉或者是其他地方，我们只要能有机会和时间，就一定会相见。我喜欢他的谈话，喜爱他的思想和功夫，仰慕他的才华，敬仰他的为人和责任。每每

与恩师相见，我都能从其言行里学到很多的文化和知识，也加深了我对武当功夫和文化的理解。恩师不仅传授给我武艺，而且对我要求一直严格，期望我为武当文化的发展有所担当，为武当武术的传播能有所贡献。尽管自己远不能达到师父心中所期望的那个值，但我始终坚持潜心学习，刻苦研究武当功夫，并且在恩师的指导和帮助下，立足于武汉的武当太极传播的工作，努力为弘扬武当文化尽心尽责。《武当秘传功夫》一书的内容，完全得益于游玄德上师的言传身教。

由于自己能力有限，未能达到师父那么高的境界，实在是汗颜和有愧于师父的教诲！但不管如何，只要大家能坚持去锻炼，我确信本书的出版，会对我们的健康是有指导作用和益处的。

感恩武当，感恩父母！感谢恩师！

本书的出版得到陈顺利先生以及黄杰先生的大力支持。特别鸣谢谭学军和徐竹两位编辑以及摄影家王小平、严涛、杜欣、吕兆平、文涛、熊若愚、郭伟、高佳泉等朋友们和女儿蒋艺对本书所付出的辛劳！

拳映月华，剑吻珠露。弘扬太极，惠泽众生。

借用最近写的一首诗，作为本书的结尾：

那些年的追梦，渐已老去
青春，
转眼镌刻成了往忆

在无人窥视的暗黑中
三尺水，一杯茶，
斟满了独舞的四季
凭湖听风，
月下日升把皱纹结实
缄默，竟是乖巧的慰藉

朝花又夕拾，笃守恒苦，
一冷夜，一行字
就能嘲笑过往的印记

一箪食一豆羹，
电脑缱绻了睡意，
心思串起记忆

饮流年，泣浊酒，
烟花散尽，
也争朝夕。

蒋　剑
2017年3月于玉龙岛汤逊湖畔